VON DER SCHÖNHEIT DER

DRESSUR

REINER KLIMKE · WERNER ERNST

VON DER SCHÖNHEIT DER DRESSUR

VOM JUNGEN PFERD BIS ZUM GRAND PRIX

FRANCKH-KOSMOS

Mit 86 Farbfotos von Werner Ernst sowie 10 von Hugo M. Czerny (S. 42, 48r, 59, 81, 82, 83o, 84u, 109u), vom Pressedienst Rhein-Ruhr (S. 47), und von Norbert Schamper (S. 73). 20 Schwarzweißfotos von Werner Ernst (S. 75, 88o, 102, 103 (2×), 106, 107u), Hugo M. Czerny (S. 96 (3×), 97 (3×), 105u), Jean Christen (S. 98), Presse-Foto Baumann (S. 100, 101) und aus dem Archiv Klimke (S. 104, 105u, 107o).
Eine Zeichnung von TGA Kropf.

Umschlaggestaltung von Theodor Bayer-Eynck unter Verwendung eines Farbfotos von Werner Ernst.

Die Deutsche Bibliothek – CIP-Einheitsaufnahme

Von der Schönheit der Dressur : vom jungen Pferd bis zum Grand Prix / Reiner Klimke ; Werner Ernst. - Stuttgart : Franckh-Kosmos, 1991
ISBN 3-440-06313-5
NE: Klimke, Reiner; Ernst, Werner; Dressur

ISBN 3-440-06313-5
Lektorat: Dr. Hans-Jörg Schrenk
Herstellung: Lilo Pabel
Printed in Germany/Imprimé en Allemagne
Satz: Kittelberger, Reutlingen
Reproduktion: Repro GmbH, Fellbach
Druck: Richterdruck, Würzburg

Von der Schönheit der Dressur

Einleitung

Die Dressurreiterei ist keine Erfindung unserer Zeit. Sie geht zurück auf die jahrtausendealte klassische Reitkunst, die uns schon aus der Zeit von Cimon und Xenophon (430–355 v. Chr.) überliefert wird. In seinen Büchern „Über die Reitkunst" und „Der Reiteroberst" stellt Xenophon bereits den geschmeidigen und unabhängigen Sitz des Reiters in den Vordergrund. Zwar beschäftigt sich Xenophon in seinen Werken nicht unmittelbar mit der Grundausbildung des jungen Reitpferdes, weil dies nach seiner Meinung die Aufgabe eigens dazu ausgebildeter Zureiter sei. Jedoch lassen seine Anleitungen über die Behandlung und Erziehung des Pferdes zum „Staats- oder Paradepferd" erkennen, welch hohes Maß an Einfühlungsvermögen er besaß, was bis heute manchem Reiter zur Ehre gereichen würde.

Die hohe Reitkultur der Griechen fand in den nachfolgenden Generationen zunächst keine Fortsetzung. Schon den alten Römern sagt man nach, daß sie eine andere Einstellung zum Pferd hatten. Das Eingehen auf das Gefühlsleben des Pferdes trat in den Hintergrund, die Schaulust der Massen forderte Sensationen.

Im Laufe der Jahrhunderte hat die Dressur dann eine wechselvolle Geschichte durchgemacht. Diese war geprägt von der jeweiligen Einstellung des Menschen zum Tier und von der Verwendung des Pferdes im Dienste des Menschen. Sie war auch beeinflußt von dem Gebäude und dem Typ des Pferdes in der jeweiligen Zeit.

Die heutige Dressurreiterei basiert auf der einzig übriggebliebenen Verwendung des Pferdes als „Sportgerät" für den Menschen. Die Partnerschaft zwischen Mensch und Tier rückt in den Mittelpunkt. Wir können uns bei der Ausbildung des Pferdes die Erkenntnisse der Tierpsychologie zunutze machen und können daraus lernen, die Persönlichkeit des Pferdes zu achten.

Die Gefühle der Menschen in unserer Zeit sind gegenüber der Einstellung zum Tier teilweise so sensibilisiert, daß man Beispiele übertriebener Tierliebe antrifft, die manchem Menschen sogar mehr bedeutet als die Liebe zu den eigenen Kindern. Man mag zu diesem Problem stehen, wie man will. Fest steht, daß dem Pferd unserer Zeit diese Entwicklung zugute kommt. Das Gebrauchspferd für den Krieg, für die Arbeit im Bergwerk unter Tage oder im schweren Zug gehört der Vergangenheit an. Es besteht keine Notwendigeit mehr, das Pferd zu einer Gebrauchsmaschine abzurichten. Unser Sportpferd für das Dressurreiten soll durch gymnastisches Training stärker, schöner und gesünder werden. Die Erziehung zum Gehorsam auf die Reiterhilfen sollte so feinfühlig erfolgen, daß man dem Dressurpferd die Freude an der Arbeit ansieht. Diese Freude soll den Zuschauer ansprechen. Der Zuschauer soll miterleben, wie ein selbständig gehendes Pferd von seinem Reiter mit nahezu unsichtbaren Hilfen vorgeritten wird.

Damit sind wir bei dem Anliegen dieses Buches angekommen. Ich möchte Ihnen die Schönheit und Eleganz des Dressurreitens in Wort und Bild erläutern. Ich möchte Sie dazu einladen, die Entwicklung des Dressurpferdes vom jungen Pferd bis zur Reife des Grand Prix de Dressage mit zu verfolgen.

Kritiker mögen mir entgegenhalten, daß meine Ausführungen das Ideal beschreiben, während die Wirklichkeit häufig ganz anders aussieht. Ich widerspreche dem nicht; denn das ist mit ein Grund dafür, weshalb ich dieses Buch geschrieben habe. Wir brauchen das Bild des richtig gehenden Dressurpferdes, welches in Harmonie mit dem Reiter der Vollendung entgegenstrebt. Nur dann haben wir das Ziel vor Augen, an dem wir uns orientieren können und das gleichzeitig Mißbräuche entlarvt.

Wir leben in einer Zeit, in der die Reitpferdezuchten große Fortschritte gemacht haben. Die Pferdezucht liefert uns heute – wie wohl niemals zuvor in der Geschichte – Pferde, die aufgrund ihres Gebäudes, ihres Gangwerks und ihres Temperaments die Veranlagung für ein vollendetes Dressurpferd mitbringen. Es liegt in unserer Hand, daraus ein Kunstwerk zu formen.

Natürlich ist nicht jeder Dressurreiter und auch nicht jedes Dressurpferd dazu berufen, die höchste Stufe des Grand Prix de Dressage zu erreichen. Zeigt sich im Verlaufe der Ausbildung, daß die Veranlagung Grenzen gesetzt hat, ist der bis dahin erreichte Leistungsstand trotzdem kein Verlust. Ein richtig gehendes Dressurpferd der Klasse L, ein richtig gehendes Dressurpferd der Klasse M oder ein richtig gehendes Dressurpferd der Klasse S ohne Veranlagung für Piaffe und Passage können in ihrer Klasse dem Reiter so viel Lebensfreude bescheren, daß er darin sein Glück finden kann und soll. Ich habe deshalb Wert darauf gelegt, nicht nur das fertig ausgebildete Grand-Prix-Pferd vorzustellen, sondern auch die einzelnen Ausbildungsabschnitte dorthin; denn diese verkörpern jeweils einen bestimmten Leistungsstand, mit dem man sich auch schon zufrieden geben kann, je nachdem, welche Ambitionen man verfolgt. Nicht jeder Dressurreiter muß Weltmeister werden wollen, aber jeder Dressurreiter kann glücklich werden, wenn er sich auf die Ziele beschränkt, die für ihn und sein Pferd ohne Schaden für die Gesundheit erreichbar sind.

Ziel der Dressurreiterei im Dressursport

Die für den Dressursport gültigen Regeln hat die Internationale Reiterliche Vereinigung (FEI) in den besonderen Bestim-

Die richtig verschnallte Trense ist Voraussetzung für eine harmonische Verbindung zwischen Reiterhand und Pferdemaul. Trakehner-Hengst Pinot von Waldzauber, ein Gesicht, das Zuneigung und Leistungsbereitschaft ausstrahlt.

Bei der Zäumung auf Kandare sind die richtige Lage von Unterlegtrense und Kandarenmundstück Voraussetzung für zufriedene Maultätigkeit. Der französische Halbbluthengst Bibelo von Bibelot in stolzer Aufmerksamkeit.

mungen ihres Reglements (RG) für Dressur festgelegt. Danach ist das Ziel der Dressur die harmonische Entwicklung der natürlichen Anlagen und Fähigkeiten des Pferdes.

Dieser Satz allein ist selbstverständlich nur ein Teil der Beschreibung; denn er gilt gleichermaßen für die Ausbildung des Springpferdes wie für die des Vielseitigkeitspferdes. Deshalb folgt in der Beschreibung die Aufzählung der Eigenschaften des richtig ausgebildeten Dressurpferdes, auf die ich noch näher eingehen werde.

Keine Zirkusreiterei

Das RG der FEI grenzt die Dressurreiterei im Dressursport gegenüber anderen Erscheinungsformen des Dressurreitens ab, indem es die Anerziehung künstlicher Bewegungen ablehnt. Dressurreiten im Zirkus beinhaltet auch diese Ziele. So können wir z. B. im Zirkus Dressurpferde sehen, die Rumba oder Polka tanzen, spanischen Schritt zeigen und allerlei Tricks vorführen, vom Knien über Zählen angefangen bis zum Steigen. Damit ist nichts Abwertendes über die Dressurreiterei im Zirkus gesagt. Aus dem Zirkus hat der heutige Dressursport seinen Anfang genommen. Um die Jahrhundertwende, als es noch keine Dressurprüfungen auf Turnieren gab, haben die berühmten Dressurreiter ihr Können im Zirkus gezeigt, und das Publikum entschied durch seinen Beifall.

Der Natur abgelauscht

Für den Dressursport hat die FEI in den Regeln festgelegt, daß nur die natürlichen Bewegungen des Pferdes zu mehr Ausdruck und Leichtigkeit geformt werden sollen, also in erster Linie die drei Grundgangarten: Schritt, Trab und Galopp. Ferner sind in den Dressuraufgaben nur solche Bewegungen und Übungen aufgenommen worden, die man bei der Beobachtung des Pferdes in der Freiheit – wenn auch nur in Momenten – sehen kann. So wechselt das Pferd z. B. beim Richtungswechsel im Galopp normalerweise den Galopp, wodurch der fliegende Galoppwechsel entsteht. Oder wir sehen, wie sich das frisch auf die Weide kommende Pferd in schwebeartigen Trabtritten aufspielt. Daraus wird die Passage abgeleitet.

Man kann diese Beispiele fast für jede in den Dressuraufgaben enthaltene Übung fortsetzen. Die dahinterstehende Philosophie ist einleuchtend: Wir wollen, ausgehend von den drei Grundgangarten Schritt, Trab und Galopp, die natürlichen Bewegungsabläufe des Pferdes formen und es dabei belassen.

Keine Schulen über der Erde

Schulen über der Erde, wie sie z. B. an der Spanischen Hofreitschule in Wien mit den Lipizzanern gezeigt werden, gehören nicht zum Programm des internationalen Dressursports. In dem RG der FEI wird dies ausdrücklich damit begründet, daß diese Übungen in einer großen Zahl von Ländern nicht mehr gepflegt werden.

Die Eigenschaften eines richtig ausgebildeten Dressurpferdes drücken sich aus durch:
- die Freiheit und Regelmäßigkeit der Gänge;
- die Harmonie, Leichtigkeit und Ungezwungenheit der Bewegungen;
- den Gehorsam auf nahezu unsichtbar einwirkende Reiterhilfen;
- die Selbstverständlichkeit der ganzen Vorführung, die den Eindruck hinterlassen soll, als würden Reiter und Pferd keine Anstrengungen abgenötigt.

Der Ausbildungsweg des Dressurpferdes vom jungen Pferd bis zum Grand Prix dauert etwa 4–6 Jahre. Das Pferd soll in dieser Zeit durch gymnastisches Training zu einem gesunden Athleten heranreifen, der sich in stolzer, selbstbewußter Haltung losgelassen, taktmäßig, schwungvoll und gerade bewegt.

Bis zum Erreichen dieses Endzieles wechselt das Aussehen des Dressurpferdes. Der gute Beobachter kann den Ausbildungsstand an dem Bild des sich ihm präsentierenden Pferdes ablesen. Ein 4jähriges Pferd bewegt sich anders als ein 6jähriges Pferd nach zweijährigem Training. Der Reifegrad nimmt im Laufe der Ausbildung zu, und dies wird durch den Gesamteindruck sichtbar.

In allen Ausbildungsstationen muß die Persönlichkeit des Pferdes erkennbar bleiben. Wenn die Freude an der Arbeit, also die Ausstrahlung des Pferdes, nachläßt, bedeutet dies für den Reiter ein Alarmzeichen. Der Reiter muß die Anforderungen der Kondition des Pferdes anpassen.

Das Aussehen des 4jährigen Pferdes bis zur Klasse A

Etwa im 3. Lebensjahr wird das Pferd angeritten. Der genaue Zeitpunkt richtet sich nach der körperlichen Entwicklung des Pferdes. Insbesondere sollte das Wachstum der Gelenke, Knochen und Sehnen weitgehend abgeschlossen sein.

Im ersten Ausbildungsabschnitt muß das Pferd lernen, mit der ungewohnten Reiterlast im Rücken fertig zu werden. Es muß die Fähigkeit erlangen, sich mit dem Reiter im Sattel ebenso frei und ungezwungen zu bewegen wie vorher ohne Reiter. Hierbei werden die Rückenmuskeln des Pferdes angesprochen, die einerseits gelockert und andererseits gefestigt werden müssen, damit das Pferd den Reiter ohne Schmerzen tragen und ausbalancieren kann. Dann findet es zu seinem natürlichen Bewegungsablauf zurück. In der Fachsprache umschreiben wir dies mit den Begriffen Losgelassenheit und Takt.

Unter Losgelassenheit verstehen wir die zwanglose Hergabe der Muskulatur des Pferdes. Unter Takt verstehen wir den gleichmäßigen Rhythmus der Bewegungen, also keine ungleichen Schritte, Tritte oder Sprünge.

Sodann kommt es darauf an, Einfluß auf die Bewegungen des Pferdes zu gewinnen. Während sich der Reiter in der Phase des Anreitens darauf konzentriert, mit seinem Gewicht nicht zu stören und sich geschmeidig dem Rhythmus der Bewegungen des Pferdes anzupassen, wird er nun der aktive Partner, indem er versucht, das Pferd durch die Reiterhilfen zu einem Athleten zu formen.

Wir unterscheiden Gewichts-, Schenkel- und Zügelhilfen. Jede dieser Hilfen ist in der Regel dann am wirkungsvollsten, wenn sie nicht einzeln, sondern im Einklang mit den übrigen Hilfen eingesetzt wird. Ein guter Reiter zieht deshalb nicht an den Zügeln, sondern verbindet diese Hilfe z. B. mit einem Schenkeldruck und einer Gewichtsverlagerung, um dadurch zu einer optimalen Einwirkung auf das Pferd zu gelangen.

Es dürfte einleuchten, daß es einige Zeit in Anspruch nimmt, bis das Pferd mit den Gewichts-, Schenkel- und Zügelhilfen des Reiters vertraut wird. Wir müssen dem jungen Pferd diese Hilfen erklären, es dazu bringen, die Hilfen anzunehmen und ihnen Folge zu leisten. Diese Ausbildungsphase bezeichnen wir als die Grundausbildung, die etwa ein Jahr in Anspruch nimmt und mit dem Ausbildungsziel der Klasse A abschließt.

Als Hilfsmittel, um den Gehorsam des Pferdes auf die Reiterhilfen zu erreichen, stehen uns in jeder Ausbildungsstufe bestimmte Lektionen und Übungen zur Verfügung. Diese sind jedoch kein Selbstzweck, sondern Mittel zum Zweck, nämlich Hilfen, um die entsprechenden Muskeln des Pferdes zu schulen, sie teils zu lockern, teils zu kräftigen. Damit möchte ich betonen, daß die Dressurausbildung sich nicht darin erschöpfen darf, Lektionenkünstler herauszubringen. Ein Reiter, der nur Lektionen übt, stumpft sein Pferd ab und reitet den Gang weg. Den Glanz erhält eine Vorstellung erst durch die Art und Weise, wie es dem Reiter gelingt, die Anmut und Schönheit des Pferdes in der jeweils geforderten Übung zum Ausdruck zu bringen. Dann beschreiten wir die Schwelle der Reitkunst.

Um in der Grundausbildung des jungen Reitpferdes nach dem ersten Anreiten und der Gewöhnungsphase an die Reiterhilfen Einfluß auf die Bewegungen des Pferdes zu erlangen, benötigen wir eine Verbindung zwischen Reiterhand und Pferdemaul. Wir bezeichnen dies in der Fachsprache als Anlehnung an das Gebiß. Das Pferd soll lernen, an den Zügel heranzutreten. Es gewinnt dadurch – je nach Gangmaß – eine entsprechende Haltung, in der es seine Kräfte am besten entfalten kann.

An der Haltung des Pferdes erkennt man seinen Ausbildungsstand. Die Halsmuskulatur und die Tragkraft der Hinterhand stehen bei dem 4jährigen Pferd erst am Anfang ihrer Entwicklung. Die Hinterhand ist noch nicht ganz geschlossen und der Hals des Pferdes wenig aufgerichtet. Der Reiter muß in dieser Phase der Ausbildung viel Feingefühl aufbringen, um nicht zu früh zu viel zu verlangen. Leider sehen wir auf Turnieren in Materialprüfungen sowie A-Dressuren häufig Pferde mit zusammengezogenen Hälsen. Die Folgen sind festgehaltene Rückenmuskeln und blockierte Hinterbeine. Die Bewegungen des Pferdes werden nicht ausdrucksvoller, sondern sie sind gespannt. Den Pferden wird der Gang weggeritten, anstatt ihn zu fördern.

Der natürliche Ausdruck eines jungen Dressurpferdes im Schritt mit hingegebenen Zügeln.
Kim Keenan (USA) auf dem holländischen Wallach Déjà Vu von Ulster.

Das junge Dressurpferd im Mittelschritt am Zügel. Die Anlehnung ist weich und sicher bei tiefer Handeinwirkung des Reiters. Das Pferd tritt ehrlich durchs Genick. Die Nase bleibt vor der Senkrechten.
Brett Moon (USA) auf dem hessischen Wallach Eglant von Egmont.

Das Aussehen des 5jährigen Pferdes in der Klasse L

Etwa im 5. Lebensjahr wächst das junge Dressurpferd von der Klasse A in die Ausbildungsstufe der Klasse L hinein. Hier streben wir an:

- Die Anlehnung zwischen Reiterhand und Pferdemaul soll weiter gefestigt werden. Wir wünschen uns eine weiche und sichere Verbindung an beiden Zügeln.
- Der Gehorsam des Pferdes auf die Gewichts-, Schenkel- und Zügelhilfen nimmt zu; dies betrifft vornehmlich die vorwärtstreibenden und verhaltenden Hilfen. Wir bezeichnen dies in der Fachsprache als Durchlässigkeit.
- Die Durchlässigkeit führt zu einer Verstärkung der Muskulatur der Hinterhand des Pferdes und erlaubt dadurch mehr Lastaufnahme. Dies wiederum entlastet die Vorhand des Pferdes und gestattet dieser mehr Freiheit im Bewegungsablauf aus der Schulter.

In den Dressuraufgaben der Dressurprüfungen der Klasse L sind die wesentlichen Lektionen enthalten, die zu den vorstehend beschriebenen Ausbildungszielen hinführen.

Halbe Paraden

Eine Schlüssellektion für die Schulung aller Ausbildungsziele der Klasse L, welche schon in der Klasse A ihren Anfang nimmt, sind die halben Paraden. Wir verstehen darunter den Übergang von einer höheren in eine niedrigere Gangart und das Zurücknehmen des Tempos innerhalb einer Gangart. Hierbei erfüllt die halbe Parade die Funktion, den Schwerpunkt kurz auf die Hinterhand zu verlegen und das Genick zum Nachgeben zu bringen.

Durch häufige Übergänge vom Trab zum Schritt oder – vornehmlich in der Klasse L – vom Galopp zum Schritt übt das Pferd, seinen Schwerpunkt zu verschieben. Es gewinnt dadurch an Leichtfüßigkeit und an Geschmeidigkeit.

Ganze Paraden

Die ganzen Paraden sind die Fortsetzung der halben Paraden und führen zum Halten. Während für das Halten in der Klasse A ein unbewegliches Stehen des Pferdes auf allen vier Beinen genügt, soll sich dies in der Klasse L durch einen höheren Reifegrad auszeichnen: Das Pferd muß nicht nur gerade gerichtet sein und auf allen vier Beinen unbeweglich stehen; es muß auch die Last auf allen vier Beinen so gleichmäßig verteilen, daß es geschlossen steht. Die beiden Vorderbeine und die beiden Hinterbeine sollen dicht nebeneinander stehen. Bleibt z. B. bei der Grußaufstellung ein Hinterbein zurück, zeigt dies an, daß das Pferd die Last nicht gleichmäßig auf alle vier Beine verteilt hat.

Rückwärtsrichten

Ein wichtiger Prüfstein für die Durchlässigkeit des Pferdes in der Klasse L ist das Rückwärtsrichten. Als Gehorsamsprüfung wird Rückwärtsrichten schon beim 4jährigen Pferd verlangt. In der Dressur Klasse L jedoch wird mehr gefordert: Das Pferd soll bei klarem Abfußen in diagonaler Fußfolge (Zweitakt) zurücktreten, und zwar gerade, willig und mit gleichbleibender Länge der Tritte.

Hinterhandwendung, Schrittpirouette

Mit der Wendung auf der Hinterhand werden in der Klasse L die Durchlässigkeit und die beginnende Versammlung des Pferdes angesprochen. Versammlung bedeutet Lastaufnahme durch die Hinterbeine infolge vermehrter Beugung von Hüft- und Kniegelenken (Hanken).

Rechts oben: Arbeitstrab eines 4jährigen Pferdes in Gebrauchshaltung. Das Pferd steht erst am Anfang seiner Entwicklung. Zwangloser Bewegungsablauf im Gleichgewicht. Die Reiterin trabt leicht und führt das Pferd mit tiefen Händen in schöner Halseinstellung vor.
Ingrid Klimke auf dem Trakehner Kronjuwel von Mahagoni auf dem Turnier der Sieger in Münster 1988.

Rechts unten: Arbeitstrab eines 5jährigen Pferdes auf dem Dressurviereck. Das Pferd bewegt sich in seiner natürlichen Veranlagung ohne jede Spannung mit vorbildlicher Halseinstellung.
Dr. Reiner Klimke auf dem Westfalen Patriot von Palast auf dem Mannheimer Maimarktturnier 1989.

EKU
EKU WEIZE
153

319

Die Wendung auf der Hinterhand wird aus dem Halten begonnen. In der Wendung bewegt sich das Pferd im Schrittakt um den inneren Hinterfuß, der bei jedem Schritt mitfußt und nicht stehenbleiben darf. Wird die Hinterhandwendung aus dem Mittelschritt oder aus dem Trab entwickelt, bezeichnen wir sie als Kurzkehrtwendung. Wird sie aus dem versammelten Schritt ausgeführt, nennen wir sie Schrittpirouette. Die Schrittfolge ist die gleiche wie bei der Hinterhandwendung, jedoch ohne daß das Pferd vor, in oder nach der Wendung zum Halten kommt. Kopf und Hals des Pferdes werden jeweils geringfügig in die Richtung gestellt und gebogen, in die das Pferd die Wendung ausführt.

Außengalopp und einfache Galoppwechsel

In der Galopparbeit der Dressurklasse L wird der Schwierigkeitsgrad durch den Außengalopp und die einfachen Galoppwechsel geprägt. Der Außengalopp stellt höhere Anforderungen an Balance und Gleichgewicht. Das Pferd soll lernen, den Rhythmus der Galoppbewegung in gleicher Weise beizubehalten wie im Handgalopp.

Beim einfachen Galoppwechsel nimmt das Pferd die Last mit den Hinterbeinen auf und geht vom Galopp ohne Trabtritte in den Schritt. Nach drei bis fünf klaren Schritten erfolgt erneut der Übergang ohne Trabschritte in den Galopp.

Mehr Ausdruck in den Bewegungen

Wir wissen, daß die vorbeschriebenen Lektionen der Klasse L nur Hilfsmittel sind, um die Eleganz des Pferdes und den Ausdruck seiner Bewegungen zu erhöhen. Dies muß durch das Gesamtbild des Pferdes während der Dressuraufgabe sichtbar werden. Der Mitteltrab und der Mittelgalopp eines L-Pferdes müssen sich durch einen höheren Reifegrad deutlich von dem eines A-Pferdes unterscheiden. Nur dann ist der Reiter mit seiner Ausbildung auf dem richtigen Weg.

Wir rechnen für das Erreichen der Ausbildungsstufe der Klasse L mit einer Zeitdauer von mindestens einem Jahr. Bis das Pferd auf Turnieren in Dressurprüfungen der Klasse L genügend Routine gesammelt hat, um auch unter Wettkampfbedingungen das Erlernte sicher zu zeigen, kann gut noch ein weiteres Jahr vergehen.

Rechts oben: Das junge Dressurpferd im Arbeitsgalopp rechts. Ausdrucksvoller Galoppsprung eines zufriedenen Pferdes in geschlossenem Rahmen.
Kim Keenan (USA) auf dem holländischen Wallach Déjà Vu von Ulster.

Rechts unten: Michael Klimke auf dem holländischen Wallach Frederik von Ulft. Weites Unterspringen des inneren Hinterfußes. Gute Aufwärtsbewegung des Galoppsprungs.

E

Das junge Dressurpferd im Arbeitsgalopp. Verschiedene Phasen aus der Bewegung des Linksgalopps.

(oben) Nach der Flugphase fußt zunächst der rechte Hinterfuß auf.

(rechts oben) Der linke Hinterfuß und der rechte Vorderfuß bereiten sich auf die Landung vor.

(rechts unten) Linker Hinterfuß und rechter Vorderfuß setzen gleichzeitig auf. Der linke Vorderfuß wird deutlich angewinkelt.
Der Reiter unterstützt den Bewegungsablauf des Pferdes durch gefühlvolle Einwirkung. Ralf Isselhorst auf dem westfälischen Wallach Webster von Walldorf.

S

Korrektes Durchreiten der Ecken im Trab.
Auf der rechten Hand: Brett Moon (USA) auf dem hessischen Wallach Eglant von Egmont. Das Durchreiten der Ecken erfolgt in Form einer Viertel-Volte. Das Pferd ist um den inneren Schenkel gebogen.

Galopp auf dem Zirkel rechts.
Gute Körperbiegung des Pferdes. Weit untersprin-gender rechter Hinterfuß. Aufrichtung etwas hoch. Der innere Zügel könnte leichter führen.
Brett Moon (USA) auf dem hessischen Wallach Eglant von Egmont.

Galopp auf dem Zirkel links.
Arbeitsgalopp auf dem Mittelzirkel in schwungvoller Bergaufbewegung.
Uta Erpenstein auf dem westfälischen Wallach Fitou von Frederiko.

Halten zur Grußaufstellung.
Zur Grußaufstellung nimmt die Reiterin beide Zügel in die linke Hand. Die Haltung des Pferdes bleibt unverändert. Das Pferd steht ruhig auf allen vier Beinen. Der rechte Hinterfuß steht etwas heraus.

Gleiche Ausführung des Haltens zur Grußaufstellung. Diesmal schnurgerade.
Uta Erpenstein auf dem westfälischen Wallach Fitou von Frederiko.

Das Aussehen des 6jährigen Pferdes in der Klasse M

Im 6. Lebensjahr wächst das Dressurpferd in die Klasse M hinein. Wir verbessern in dieser Ausbildungsstufe durch Seitengänge die gleichmäßige Durchbildung des Pferdes auf beiden Seiten. In der Galopptour lernt das Pferd die fliegenden Wechsel. Versammlung und Schwung werden erhöht. Dadurch gewinnt der Bewegungsablauf noch mehr an Ausdruck. Das Pferd präsentiert sich mit mehr Selbstverständlichkeit.

Die Hilfen des Reiters werden weniger sichtbar, allerdings erst dann, wenn das Pferd die neuen Lektionen verstanden hat. Man kann daher auch – wie schon in der Klasse L – unterscheiden zwischen der Ausbildungsarbeit, um die Klasse zu erreichen, und der sich anschließenden Festigung des Erlernten bis zur selbständigen Ausführung der verlangten Lektionen.

Seitengänge

Die Seitengänge umfassen Schulterherein, Travers, Renvers und Traversalen. Das Pferd geht dabei mit der Vorhand und der Hinterhand auf zwei Hufschlägen vorwärts-seitwärts. Es ist in seiner Längsachse gebogen. Biegung, Takt, Tempo und Schwung bleiben erhalten.

Schulterherein

Beim Schulterherein bleibt die Hinterhand des Pferdes auf dem Hufschlag. Die Vorhand wird so weit in die Bahn geführt, daß die äußere Schulter des Pferdes vor die innere Hüfte des Pferdes gerichtet ist. Wir sehen dann von vorne drei Hufschläge. Das Pferd ist in seiner Längsachse entgegen der Bewegungsrichtung gestellt und gebogen.

Der Ausbildungswert der Übung Schulterherein besteht auch darin, daß der Reiter durch die diagonalen Hilfen die Geraderichtung des Pferdes verbessern kann. Diagonale Hilfen bedeuten hierbei, daß der Reiter das Pferd mit dem inneren Schenkel gegen den verwahrenden äußeren Zügel herantreibt und das Pferd dadurch in sich geraderichtet.

Travers

Im Travers wird das Pferd in die Bewegungsrichtung gestellt und gebogen. Die Vorhand bleibt auf dem Hufschlag. Die Hinterhand wird in die Bahn geführt, so daß man von vorne vier Hufschläge sieht.

Renvers

Renvers ist seitenverkehrtes Travers. Hier wird die Vorhand in die Bahn geführt. Die Hinterhand bleibt auf dem Hufschlag. Im übrigen gelten die gleichen Kriterien wie beim Travers.

Traversalen

Die Traversalen sind eine Variante des Travers, nämlich Travers auf den Diagonalen. Das Pferd bewegt sich etwa parallel zur langen Seite. Es muß vollkommen ausbalanciert sein, um sich in gleichmäßiger Biegung taktmäßig und schwungvoll seitwärts bewegen zu können. Deshalb kann diese Übung erst verlangt werden, wenn das Pferd die Anforderungen der Klasse L voll beherrscht.

In der Klasse M werden halbe und doppelte halbe Traversalen verlangt. Später steigern sich die Anforderungen zu ganzen sowie zu Zick-Zack-Traversalen.

Es ist für den Ausbilder schon ein Kompliment, wenn ihm bescheinigt werden kann, daß er in der Dressur Klasse M ein Pferd vorführt, welches in den Traversalen auf beiden Händen die erwähnten Kriterien erfüllt hat. Gute Traversalen auf beiden Händen haben auch ihre Auswirkungen auf die Qualität der Verstärkungen sowohl im Trabe als auch im Galopp. Sie sind in der Dressur Klasse M der untrügliche Gradmesser für den Ausbildungsstand des Dressurpferdes.

Fliegende Galoppwechsel

Das Dressurpferd, welches in der Klasse L gelernt hat, sich auf beiden Händen im Außengalopp auszubalancieren, ist für die fliegenden Galoppwechsel vorbereitet. Bei den fliegenden Galoppwechseln wechselt das Pferd in der Schwebephase des Galopps von der einen zur anderen Hand. Vorder- und Hinterbeine springen auf gerader Linie gleichzeitig um. Ansonsten bleiben Tempo und Haltung des Pferdes unverändert.

Ein Wechsel mit hochgeworfener Kruppe zeigt an, daß das Pferd durch die neuen Hilfen des Reiters noch verunsichert ist. Ehe ein fliegender Galoppwechsel vom Pferd mit der geforderten Gelassenheit ausgeführt werden kann, vergehen oft Wochen und Monate. Die Erfahrung lehrt, daß die Pferde durch das Einüben der fliegenden Wechsel zunächst etwas unruhig werden, zumal sie gerade in der Stufe davor beim Einüben des Außengalopps gelernt haben, nicht umzuspringen. Es besteht deshalb kein

Mittelschritt am Zügel eines bis zur Klasse M geförderten Dressurpferdes.
Die Muskulatur des Pferdes zeigt bereits deutlich Konturen, besonders an der oberen Halslinie.
Michael Klimke auf dem holländischen Wallach The Carlos von Statuar.

Anlaß zur Beunruhigung, wenn der Galoppsprung der Pferde, die fliegende Wechsel lernen, im Anfang durch Spannung an Qualität einbüßt.

Ich empfehle, in der Ausbildungsphase zur Dressur Klasse M beim Einüben des fliegenden Galoppwechsels diese nicht zu oft hintereinander an der gleichen Stelle zu reiten. Statt dessen sollte zwischendurch immer wieder ein einfacher Galoppwechsel geritten werden, um dadurch das Pferd wieder sicher an die Hilfen zu bekommen. Vertrauen und Einfühlungsvermögen sind gerade jetzt gefragt, um die Harmonie zwischen Reiter und Pferd nach vorübergehender Unruhe wieder in Ordnung zu bringen. Nur so kann das Ausbildungsziel der Klasse M erreicht werden, das schon ein hohes Maß an reiterlichem Können verlangt.

Nicht gegen die Natur

Ich möchte das Kapitel über die Ausbildungsstufe der Klasse M nicht schließen, ohne den Ausbildungswert zu betonen, den diese Klasse ausmacht. Bei einigen Pferden scheiden sich hier die Geister. Dies beginnt schon bei dem Grad der Intelligenz, ob diese ausreicht, ein weiteres Klassenziel zu erreichen.

Möglicherweise hat die Natur dem Pferd in bezug auf seine Bewegungsmöglichkeiten Grenzen gesetzt. Darauf habe ich bereits hingewiesen. Man wird bis zu einer sauberen Dressurklasse M heute nahezu jedes korrekt gebaute Pferd fördern können. Ob es dann aber die Gelehrigkeit und so viel Gangvermögen entwickelt, um die Klasse S zu erreichen, zeigt sich erst jetzt. Man kann diese Veranlagung an 3- oder 4jährigen Pferden schwer voraussagen. Insoweit gibt es – leider – im Verlaufe der Ausbildung eher eine negative Auslese. Von Ausbildungsstufe zu Ausbildungsstufe wächst die Hoffnung nach oben. Spätestens jedoch in der Klasse M wird deutlich, wieviel Gangvermögen durch die richtige Ausbildung des Pferdes entwickelt werden konnte.

Möglicherweise ist nun die Endstation erreicht. Es läßt sich zwar noch das eine oder andere verbessern; aber der ganz große Schwung ist nicht vorhanden. Hier hat die Natur Grenzen gesetzt. Der Dressurausbilder, der mit einer solchen Situation konfrontiert wird, muß dies erkennen und danach handeln. Er darf nicht der Versuchung unterliegen, gegebenenfalls mit Gewalt den ohnehin untauglichen Versuch zu unternehmen, aus einem Pferd mehr herausholen zu wollen, als die Natur ihm an Veranlagung in die Wiege gelegt hat.

Ein zufriedenes M-Pferd ist allemal mehr wert als ein falsch forciertes S-Pferd. Wir sollten uns daran erinnern, wie viele Reiter wir mit einem richtig ausgebildeten, zufriedenen M-Pferd glücklich machen können. Dann erübrigt sich jeder weitere Kommentar.

Das Ausbildungsziel des Dressurpferdes der Klasse M läßt sich wie folgt zusammenfassen:

- Das Pferd wird absolut geradegerichtet; hierbei helfen uns in erster Linie die diagonalen Hilfen in der Übung Schulterherein;
- die Beweglichkeit des Pferdes im Galopp nimmt durch das Erlernen der fliegenden Wechsel zu;
- die Muskulatur der Hinterhand wächst weiter und ermöglicht eine noch größere Lastaufnahme. Der Grad der Versammlung gewinnt weiter an Reife und damit verbunden die Leichtigkeit und Geschmeidigkeit des Pferdes im Ablauf seiner Bewegungen;
- es zeigt sich, ob Schwung und Ausdruck für höhere Ansprüche vorhanden sind.

Rechts oben: Arbeitstrab mit fortschreitender Reife.
Energisches Abfußen des rechten Hinterfußes, der den Schwung über den Rücken zu freiem Ausschwingen aus der Schulter weiterleitet. So soll der Arbeitstrab eines bis zur Klasse M geförderten Dressurpferdes bei entsprechender Veranlagung aussehen.
Michael Klimke auf dem holländischen Wallach The Carlos von Statuar.

Rechts unten: Mitteltrab.
Takt und Schwung vorbildlich. Der Hals des Pferdes könnte noch etwas mehr vorgelassen werden.
Michael Klimke auf dem holländischen Wallach The Carlos von Statuar.

S

Korrektes Halten des Dressurpferdes im Ausbildungsgrad der Klasse M.
Auf der Mittellinie im Mittelpunkt der Bahn. Das Pferd steht geschlossen und verteilt die Last gleichmäßig auf alle 4 Beine. Es schaut mit gespitzten Ohren nach vorne. Die Anlehnung bleibt unverändert. Der Sitz des Reiters gibt ein gutes Beispiel.
Michael Klimke auf dem holländischen Wallach The Carlos von Statuar.

Halten auf der Mittellinie aus der Sicht von vorn. Schnurgerade, Reiter und Pferd in guter Übereinstimmung.
Michael Klimke auf dem holländischen Wallach The Carlos von Statuar.

Schulterherein links eines jungen Dressurpferdes am Beginn der Ausbildungsstufe Klasse M.
Die Reiterin führt die Vorhand des Pferdes so weit in die Bahn, daß die äußere Schulter vor die innere Hüfte gerichtet ist. Das Pferd ist leicht nach links gestellt und gebogen.
Inza Hansen auf der Oldenburger Stute Raphael's Lady von Raphael.

Schulterherein rechts nahezu in der Vollendung.
Nicole Uphoff auf dem hannoverschen Wallach Sir Lenox von Shogun xx, ein Bild, das den Reifegrad des richtig ausgebildeten Dressurpferdes vermittelt: leichtfüßig, ausdrucksvoll, in schöner Aufrichtung, gut gestellt und gebogen.

Durch Reiten von Schulterherein und Traversieren wird die Geschmeidigkeit des Pferdes auf beiden Seiten gefördert.
Traversale nach links. Das Pferd bewegt sich parallel zur langen Seite und schaut in die Richtung, zu der es sich bewegt. Gutes Kreuzen der Beinpaare im Takt des Trabes. Stellung und Biegung könnten deutlicher ausgeprägt sein.
Michael Klimke auf dem hannoverschen Hengst Alpius von Akzent.

Traversale nach rechts.
Eine gut gelungene Ausführung, bei der alles stimmt: schwungvolles Kreuzen der Beinpaare, gute Stellung und Biegung, gute Einwirkung des Reiters, dessen Sitz mit der Bewegung des Pferdes geht.
Michael Klimke auf dem hannoverschen Hengst Alpius von Akzent.

F

S

Trabstudien eines talentierten, jungen Dressurpferdes.

Links oben: Arbeitstrab mit höchstem Ausdruck.

Links unten: Mitteltrab mit natürlichem Schwung in schöner Selbsthaltung.

Oben: Starker Trab: Aus dem energischen Abfußen entwickelt sich die große Schwungentfaltung eines aufmerksamen Pferdes in guter Aufrichtung. Ralf Isselhorst auf dem westfälischen Wallach Webster von Waldorf.

Das Aussehen des Dressurpferdes in der Klasse S

Etwa zwischen dem 6. und 7. Lebensjahr erreicht das richtig ausgebildete Dressurpferd den Leistungsstand der Klasse S mit den Anforderungen des St. Georg-Preises. Wir haben in der schweren Klasse national wie international mehrere Ausbildungsstufen, die vom St. Georg-Preis über die Dressurprogramme Intermédiaire I und II zur höchsten Schwierigkeit, dem Grand Prix de Dressage, dem Grand Prix Spezial und der Grand Prix Kür, führen. Dabei kann man die beiden ersten Aufgaben, nämlich den St. Georg-Preis und die Intermédiaire I, als Eingangsstufen der schweren Klasse bezeichnen, während es sich anschließend in der Intermédiaire II endgültig zeigt, ob das Dressurpferd die Übungen der höchsten Versammlung, nämlich Piaffe und Passage, lernen wird.

St. Georg-Preis

Das RG Dressur der FEI beschreibt diese Aufgabe dahin, daß sich hier die Eignung des Dressurpferdes für die Anforderungen der klassischen Reitkunst zeigen soll. Die Lektionen sind gegenüber der Klasse M erschwert. Neben den Seitengängen im Trab werden Traversalen im Galopp verlangt. Die fliegenden Galoppwechsel sind nunmehr zu mehreren Tempi zu zeigen, nämlich 5× fliegende Galoppwechsel zu 4 Sprüngen und 5× fliegende Galoppwechsel zu 3 Sprüngen. Aus dem Programm der versammelten Übungen sind in der Aufgabe des St. Georg-Preises die halben Pirouetten im Galopp enthalten. Insgesamt wird deutlich, daß sich ein erhöhter Grad an Gymnastizierung im Ausdruck der Bewegungen des Pferdes widerspiegeln soll.

Fliegende Galoppwechsel zu 4 und 3 Tempi

Bei den fliegenden Galoppwechseln zu mehreren Tempi soll das Pferd auf gerader Linie ruhig und leicht in der Hand bei lebhaftem Vorwärtsdrang bleiben. Der Rhythmus der Galoppsprünge soll sich nicht ändern. Der Grad der Versammlung paßt sich dem Tempo an, um eine Verkürzung der Galoppsprünge zu vermeiden und den Wechsel jeweils mit Leichtigkeit herausspringen zu lassen.

Halbe Galoppirouette

In den halben Galoppirouetten soll das Pferd in drei bis vier Sprüngen unter Beibehaltung von Takt und Tempo auf kleinstem Bogen um die Hinterhand galoppieren. Es soll in die Bewegungsrichtung gestellt und gebogen sein. Die Hinterhand senkt sich durch den höheren Grad der Versammlung. Die Bedeutung dieser Übung für die Ausbildung wird dadurch unterstrichen, daß die halben Galoppirouetten in der Notenskala mit dem Koeffizient 2 versehen sind, die Bewertungsnote also verdoppelt wird.

Dressurviereck "Reitpferde" 20 x 60m

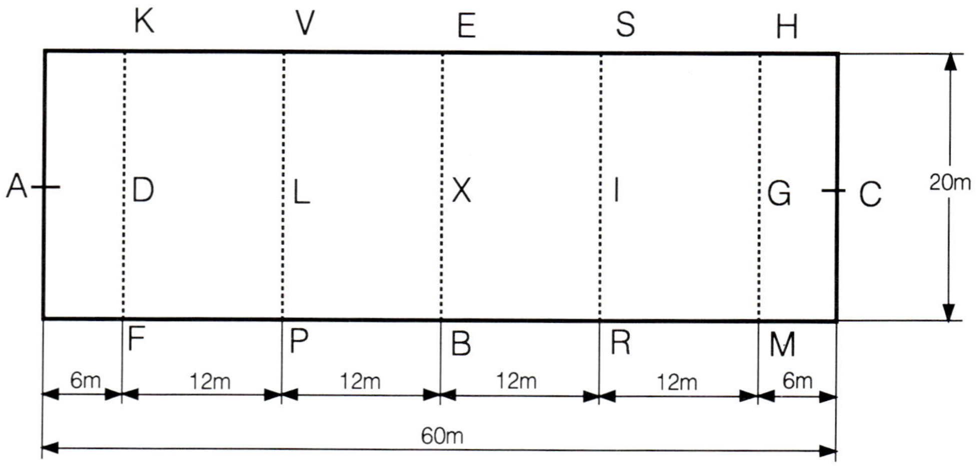

Prix St-Georges

Viereck 20 x 60 m – Dauer etwa 7 ½ Minuten

			Koeffizient
1	A X	Einreiten im versammelten Galopp. Halten – Unbeweglichkeit – Gruß. Im versammelten Tempo antraben.	
2	C M-X-K K	Rechte Hand. Im starken Trab durch die ganze Bahn wechseln. Versammelter Trab.	
3	F-B	Schulterherein links.	
4	B	Volte nach links (8 m).	
5	B-G G-C C	Nach links traversieren. Versammelter Trab. Rechte Hand.	
6	M-F F	Mitteltrab. Versammelter Trab.	
7	K-E	Schulterherein rechts.	
8	E	Volte nach rechts (8 m).	
9	E-G G-C C	Nach rechts traversieren. Versammelter Trab. Linke Hand.	
10	H-X-F F	Im starken Trab durch die ganze Bahn wechseln. Versammelter Trab.	
11	A-K-R	Im starken Schritt durch die Bahn wechseln.	2
12	R M Zwischen G und H	Versammelter Schritt. Links um. Halbe Pirouette links.	
13	Zwischen G und M H	 Halbe Pirouette rechts. Rechte Hand.	
14		Der versammelte Schritt. R M G (H) (M) G H C.	
15	C	Im versammelten Tempo rechts angaloppieren.	
16	R-I I-S S-E E	Halber Zirkel nach rechts, (10 m), gefolgt von einem halben Zirkel nach links im Außengalopp (10 m). Außengalopp. Fliegender Galoppwechsel.	
17	V-L L-P P-F F	Halber Zirkel nach links (10 m), gefolgt von einem halben Zirkel nach rechts im Außengalopp (10 m). Außengalopp. Fliegender Galoppwechsel.	
18	K-X-M	Auf der Wechsellinie 5 fliegende Galoppwechsel zu 4 Sprüngen.	
19	H-X Zwischen H und X H	Versammelter Galopp. Halbe Pirouette links. Fliegender Galoppwechsel.	2
20	M-X Zwischen M und X M	Versammelter Galopp. Halbe Pirouette rechts. Fliegender Galoppwechsel.	2

			Koeffizient
21	H-X-F F	Im Mittelgalopp durch die ganze Bahn wechseln. Versammelter Galopp und fliegender Galoppwechsel.	
22	K-X X-I	Nach rechts traversieren. Versammelter Galopp.	
23	I C	Halten – 4 Tritte rückwärts richten, daraus sofort im versammelten Tempo links angaloppieren. Linke Hand.	
24	H-X X-L L A	Nach links traversieren. Versammelter Galopp. Fliegender Galoppwechsel. Rechte Hand.	
25	K-X-M M	Im starken Galopp durch die ganze Bahn wechseln. Versammelter Galopp und fliegender Galoppwechsel.	
26	H-X-F	Auf der Wechsellinie 5 fliegende Galoppwechsel zu 3 Sprüngen.	
27	A X	Auf die Mittellinie abwenden. Halten. Grüßen.	
		Verlassen der Bahn bei A im Schritt am langen Zügel.	

Gesamtnoten:

28	Reinheit der Gänge, Ungebundenheit und Regelmäßigkeit.	2
29	Schwung (Frische, Elastizität der Bewegungen, Rückentätigkeit und Engagement der Hinterhand).	2
30	Gehorsam des Pferdes (Aufmerksamkeit und Vertrauen, Harmonie, Losgelassenheit und Durchlässigkeit, Maultätigkeit, Anlehnung und natürliche Aufrichtung).	2
31	Sitz und Einwirkung des Reiters, Korrektheit in der Anwendung der Hilfen.	2

Zu erreichende Punktsumme: 380

Versammelter Rechtsgalopp in höchster Konzentration.
Christine Stückelberger (Schweiz) auf dem Holsteiner Wallach Granat von Consul auf den Olympischen Spielen 1976 in Bromont (Kanada), Gewinnerin der Goldmedaille in der Einzelwertung.

Fliegende Galoppwechsel von rechts nach links mit erhabenem Ausdruck des linken Vorderbeins. Gina Capellmann-Lütkemeyer auf dem holländischen Wallach Ampère von Amagun, Mannschaftsweltmeisterin 1986 in Cedar Valley (Kanada).

Fliegender Galoppwechsel von rechts nach links mit weit durchspringendem linkem Hinterbein. Margit Otto-Crepin (Frankreich) auf dem Holsteiner Wallach Corlandus von Cor de la Bryere.

Galopptraversale nach links, voll ausbalanciert, im Dreitakt der Galoppbewegung.
Dr. Uwe Schulten-Baumer auf dem hannoverschen Wallach Slibovitz von Servus, Vizeweltmeister 1978 in Goodwood (England).

Ganze Pirouette rechts in höchster Versammlung auf kleinstem Kreis gesprungen.
Elisabeth Theurer-Max (Österreich) auf dem Oldenburger Wallach Mon Chérie von Inshalla, Olympiasiegerin in Moskau 1980.

Zwei Hengste mit größtmöglicher Schwungentfaltung im Trabe:
Rechts oben Karin Rehbein auf dem Oldenburger Hengst Donnerhall von Donnerwetter in Rotterdam 1989. Die Ausführung dieses starken Trabes ist das Ergebnis richtiger Dressurausbildung. Das Pferd ist zu einem Athleten gereift. Gut bemuskelt an Hinterhand, Rücken, Hals und Schulter, zeigt er sein volles Gangvermögen.

Pia Laus (rechts unten) auf dem westfälischen Hengst Adrett von Adlerfest steht Donnerhall in nichts nach. Das energische Abfußen des linken Hinterbeins zur Schwungentfaltung kommt noch deutlicher zum Ausdruck.

IN RING
31 DONNERHAL
REHBEIN K
GER
WIGE-DATA
OMPUTER
INTERNATIONAL

Herbert Krug auf dem schwedischen Wallach Muscadeur, Mannschaftsgoldmedaillen-Gewinner auf den Olympischen Spielen in Los Angeles 1984. Starker Trab mit vollem Risiko kurz vor dem Einritt zum Grand Prix de Dressage. Reiter und Pferd in guter Harmonie.

Intermédiaire I

Das RG Dressur der FEI beschreibt diese Aufgabe so, daß die Pferde, die den St. Georg-Preis korrekt absolviert haben, durch die Aufgabe Intermédiaire I stufenweise und ohne Schaden für ihren Organismus auf die höheren Schwierigkeiten der Dressurprüfung mit der Aufgabe Intermédiaire II vorbereitet werden sollen. Die Pferde erreichen dies im 7. bis 8. Lebensjahr. Gegenüber der Aufgabe des St. Georg-Preises kommen folgende Schwierigkeiten hinzu: Die Schaukel, Zick-Zack-Traversalen im Galopp, fliegende Galoppwechsel bis zu 2 Tempi sowie ganze Pirouetten. Die Trab- und Schrittarbeit entspricht der des St. Georg-Preises.

Schaukel

Bei der Schaukel tritt das Pferd aus dem Halten vier Schritte zurück, daraus ohne Halten vier Schritte vorwärts, wiederum ohne Halten vier Tritte rückwärts und galoppiert daraus in versammeltem Galopp an.

Diese Übung stellt hohe Anforderungen an Durchlässigkeit und Versammlung des Pferdes. Das Rückwärtsrichten muß jeweils in diagonaler Fußfolge (Zweitakt) ausgeführt werden. Das Vorwärtsschreiten muß jeweils im Schritt (Viertakt) ausgeführt werden. Die Übergänge dazwischen sollen fließend und zwanglos erfolgen. Das Pferd soll die Lektion in Ruhe ausführen, seine stolze Haltung beibehalten und vom Reiter dabei nur mit weichen, kaum sichtbaren Hilfen unterstützt werden.

Zick-Zack-Traversalen im Galopp

Die Zick-Zack-Traversalen im Galopp können nur von einem vollkommen ausbalancierten Pferd, das auf beiden Händen gleichmäßig gymnastiziert ist, richtig ausgeführt werden. In der Aufgabe der Intermédiaire I werden in der Lektion Zick-Zack-Traversale im Galopp verlangt: Auf der Mittellinie aus dem Linksgalopp vier Sprünge nach links, danach fliegender Wechsel; dann acht Sprünge nach rechts, danach fliegender Wechsel und acht Sprünge nach links; dann fliegender Wechsel nach rechts und vier Sprünge nach rechts. Schließlich geradeaus und fliegender Wechsel nach links.

Während der gesamten Übung soll der Rhythmus der Galoppbewegung erhalten bleiben. Das Pferd ist jeweils in die Richtung gebogen, in der es seitwärts galoppiert. Dazwischen erfolgt ein schnurgerader fliegender Galoppwechsel.

Die rasche Folge und die genaue Einhaltung der vorgeschriebenen Sprünge mit den dazwischen liegenden Wechseln und Umstellungen des Pferdes auf die neue Richtung stellen gleichzeitig auch hohe Anforderungen an den Reiter. Wenn dieser nicht genau mitzählt und nur für einen Bruchteil von Sekunden seine Hilfen verzögert, bringt er das Pferd aus dem Rhythmus und damit das Gelingen der gesamten Lektion in Gefahr. Stufenweise erhöhen sich die Anforderungen also auch an den Reiter.

Galoppirouette

Bei den Galoppirouetten soll das Pferd auf kleinstem Kreis in etwa 6 bis 8 Sprüngen um die Hinterhand galoppieren. Die Hinterhand senkt sich durch den höheren Grad der Versammlung und nimmt vermehrt Last auf. Der Rhythmus der Galoppbewegung bleibt nahezu unverändert. Das Pferd ist leicht nach innen gestellt und gebogen.

Fliegende Galoppwechsel bis zu 2 Tempi

Die Anforderungen an die fliegenden Galoppwechsel zu mehreren Tempi werden in der Aufgabe der Intermédiaire I gegenüber dem St. Georg-Preis auf 7 × 2 Tempi gesteigert. Diese Steigerung bereitet normalerweise wenig Schwierigkeiten; denn ein Pferd, welches im St. Georg-Preis gelernt hat, die fliegenden Galoppwechsel zu 3 Tempi korrekt auszuführen, wird auch die raschere Folge bis zu den 2 Tempi in kurzer Zeit lernen, wenn der Reiter die Ruhe behält und sein Pferd nicht forciert.

Intermédiaire I

Viereck 20 × 60 m – Dauer etwa 7 Minuten.

			Koeffizient
1	A X	Einreiten im versammelten Galopp. Halten – Unbeweglichkeit – Gruß. Im versammelten Tempo antraben.	
2	C H-E	Linke Hand. Schulterherein links.	
3	E-F F-A-K	Im Mitteltrab durch die Bahn wechseln. Versammelter Trab.	
4	K-E	Schulterherein rechts.	
5	E-M M-C-H	Im Mitteltrab durch die Bahn wechseln. Versammelter Trab.	
6	H-X-F F	Im starken Trab durch die ganze Bahn wechseln. Versammelter Trab.	
7	A D-B	Auf die Mittellinie abwenden. Halbe Traversale rechts.	
8	B-G G	Nach links traversieren. Geradeaus.	
9	Vor C C H Zwischen G und M	Versammelter Schritt. Linke Hand. Links um. Halbe Pirouette links.	
10	Zwischen G und H	 Halbe Pirouette rechts.	
11		Versammelter Schritt C H G M	
12	M-R-X-V V	Im starken Schritt durch die Bahn wechseln. Versammelter Schritt.	2
13	V-K-D	Versammelter Schritt.	

In der Aufgabe Intermediaire I werden folgende Lektionen erstmals verlangt:

Die Schaukel

Zick-Zack-Traversalen im Galopp

Ganze Pirouetten

Fliegende Galoppwechsel bis zu 2 Tempi

Nr.			Koeffizient
14	D F	Halten. 4 Tritte rückwärts richten – 4 Schritte vorwärts – 4 Tritte rückwärts richten, daraus im versammelten Tempo rechts angaloppieren. Rechte Hand.	
15		Übergänge vom versammelten Schritt zum Halten und vom Rückwärtsrichten zum versammelten Galopp.	
16	K-X-M M	Im Mittelgalopp durch die ganze Bahn wechseln mit fliegendem Galoppwechsel bei X. Versammelter Galopp.	
17	C-A	Schlangenlinie durch die Bahn, 5 Bogen, erster und zweiter Bogen im Handgalopp, dritter Bogen im Außengalopp, vierter und fünfter Bogen im Handgalopp mit fliegenden Galoppwechseln beim Durch-reiten der Mittellinie, links beenden.	
18	A D-G G C	Auf die Mittellinie abwenden. 4 Galopptraversalen beiderseits der Mittellinie mit fliegendem Galoppwechsel bei jedem Richtungswechsel. Die erste Galopptraversale nach links und die letzte Galopptraversale nach rechts zu 4 Galoppsprüngen, die beiden anderen zu 8 Galoppsprüngen. Fliegender Galoppwechsel. Linke Hand.	
19	H-X-F F	Im starken Galopp durch die ganze Bahn wechseln. Versammelter Galopp und fliegender Galoppwechsel.	
20	K-B L	Durch die Bahn wechseln. Pirouette rechts.	2
21	B	Fliegender Galoppwechsel.	
22	B-H I	Durch die Bahn wechseln. Pirouette links.	2
23	H H-C-M	Fliegender Galoppwechsel. Versammelter Galopp.	
24	M-X-K K-A-F	Durch die ganze Bahn wechseln mit 5 fliegenden Galoppwechseln zu 3 Sprüngen. Versammelter Galopp.	
25	F-X-H H-C-M	Durch die ganze Bahn wechseln mit 7 fliegenden Galoppwechseln zu 2 Sprüngen. Versammelter Galopp.	
26	M-X-K K	Im starken Galopp durch die ganze Bahn wechseln. Versammelter Galopp und fliegender Galoppwechsel.	
27	A X	Auf die Mittellinie abwenden. Halten – Unbeweglichkeit – Gruß.	
		Verlassen der Bahn bei A im Schritt	

Gesamtnoten:

28	Reinheit der Gänge, Ungebundenheit und Regelmäßigkeit.	2
29	Schwung (Frische, Elastizität der Bewegungen, Rückentätigkeit und Engagement der Hinterhand).	2
30	Gehorsam des Pferdes (Aufmerksamkeit und Vertrauen, Harmonie, Losgelassenheit und Durchlässigkeit, Maultätigkeit, Anlehnung und natürliche Aufrichtung).	2
31	Sitz und Einwirkung des Reiters, Korrektheit in der Anwendung der Hilfen.	2

Zu erreichende Punktsumme: 380

Dressurviereck "Reitpferde" 20 x 60m

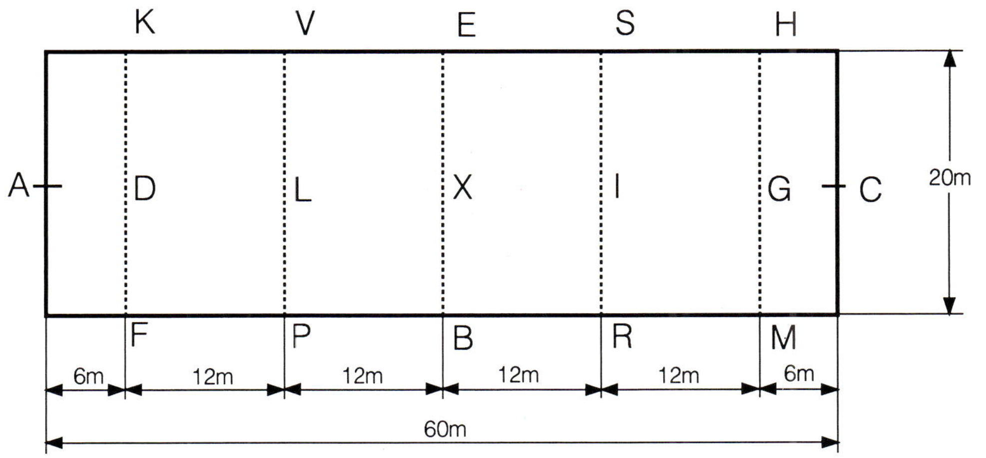

Einleitung zur Traversale nach rechts.
Margit Otto-Crepin (Frankreich) auf dem Holsteiner Wallach Corlandus von Cor de la Bryere in einer vorbildlichen Einleitung zur Rechtstraversale. Die Reiterin gibt dem Pferd eine leichte Stellung nach rechts und sorgt mit dem inneren Schenkel für den schwungvollen Bewegungsablauf. Das Pferd nimmt die Hilfen an und schaut mit gespitzten Ohren in die neue Richtung.

Die ganze Traversale nach links.
Klaus Balkenhol auf dem westfälischen Wallach Goldstern von Weinberg, ein Musterbeispiel für Biegung, Takt und Schwungentfaltung während der ganzen Linkstraversale.

Die ganze Traversale nach rechts.
Christine Stückelberger (Schweiz) auf dem schwedischen Hengst Gauguin de Lully von Shagall, vorbildlich in Stellung, Biegung, Takt und Schwung.

Die ganze Traversale nach links aus dem Grand Prix Special, Lektion Nr. 5.
Das Lehrbeispiel einer korrekten Ausführung: Monica Theodorescu auf dem westfälischen Wallach Ganimedes von Grünhorn.

Die ganze Traversale nach links aus der Seitenansicht.
In Harmonie zwischen Reiter und Pferd richtig ausgeführt: Gina Capellmann-Lütkemeier auf dem holländischen Wallach Ampère von Amagun während der Dressur-Weltmeisterschaft in Cedar Valley (Kanada) 1986.

*Ausdrucksvoller versammelter Trab.
Michael Klimke auf dem rheinischen Wallach Pitt Ramos von Roman im St. Georg-Preis in Rotterdam 1989.*

*Vorbildliche Schwungentfaltung im starken Trab.
Heike Kemmer auf dem hannoverschen Wallach Borsalino von Bolero, im Leistungsstand der Intermédiaire I. Borsalino gehört zu den wenigen Pferden, die in der Trabverstärkung die Traumnote 10 erreichten.*

Galoppirouetten erfordern den höchsten Grad der Versammlung im Galopp. Das Pferd soll auf kleinstem Kreis in etwa 6–8 Sprüngen um die Hinterhand galoppieren. Die Hinterhand setzt sich und nimmt vermehrt Last auf. Das Pferd ist leicht nach innen gestellt und gebogen.
Dr. Reiner Klimke auf dem westfälischen Wallach Rocco Granata von Rokkoko in einer ganzen Pirouette links. Der Galoppsprung auf kleinstem Kreis kommt gut zum Ausdruck. Die Hinterhand nimmt die Last auf. Stellung und Biegung sind gut sichtbar. Der Reiter unterstützt das Pferd mit seinem Sitz, indem er in die Linkswendung mit eingeht.

Isabell Werth auf der westfälischen Stute Fabienne von Feuerschein ebenfalls in der Linkspirouette. Die Aufnahme zeigt die Pirouette eine Bewegungsphase später als die von Rocco Granata. Das innere Hinterbein fußt bereits wieder auf. Die Lastaufnahme im Takt des Galopps sowie Stellung und Biegung sind ohne Tadel. Die Versammlung im Hals ist etwas stark ausgeprägt.

Das korrekte Ausreiten der Ecken des Dressurvierecks bezeugt den Reifegrad der Ausbildung. Dr. Reiner Klimke auf dem westfälischen Wallach Ahlerich von Angelo xx im olympischen Dressurwettkampf. Das Pferd ist zur inneren Seite gestellt und gebogen. Die Ecke wird auf dem Kreisbogen einer Viertel-Volte passiert.

Intermédiaire II

Mit der Beherrschung der Aufgabe der Intermédiaire I ist die vorletzte Stufe der Ausbildung des Dressurpferdes erreicht. Es kommt zur Vorentscheidung, ob Gang und Talent des Pferdes die Ausbildung bis zur höchsten Stufe, dem Schwierigkeitsgrad des Grand Prix de Dressage, zulassen. Für diesen Ausbildungsweg hat die FEI die Aufgabe Intermédiaire II geschaffen. Die Pferde sind jetzt etwa 8jährig. Sie werden mit den Anforderungen der Piaffe und Passage vertraut gemacht und müssen im Galopp die fliegenden Galoppwechsel von Sprung zu Sprung lernen.

Nicht jedes Dressurpferd hat die Veranlagung für Piaffe und Passage. Wir beobachten dies auch bei Pferden, die Dressurprüfungen des St. Georg-Preises und der Intermédiaire I in guter Konkurrenz gewonnen haben. Die Versammlungsfähigkeit eines Dressurpferdes für Piaffe und Passage ist nämlich nicht nur eine Frage von Gebäude und Gangwerk des Pferdes. Sie ist auch nicht nur eine Frage der richtigen Ausbildung. Es gibt nämlich Pferde, die aufgrund ihrer inneren Eigenschaften in der Veranlagung für das Erlernen von Piaffe und Passage begrenzt sind. Dies hängt u.a. von der Gehlust und dem Temperament des Pferdes ab. Wenn hier die Natur Grenzen gesetzt hat, wird auch der geduldigste Ausbilder seinem Pferd keine vollendeten Piaffen und Passagen entlocken können. Erst recht nützt bei solchen Pferden keine Gewaltanwendung. Gewalt und Harmonie sind Feinde. Mit Gewalt kann man niemals Harmonie zwischen Reiter und Pferd erzeugen.

Der klassischen Lehre angepaßt

In der Aufgabe der Intermédiaire-II-Dressur wird auf die schonende Heranführung des Dressurpferdes an die Lektionen der Piaffe und Passage Rücksicht genommen. Piaffe und Passage werden nicht im freien Raum – wie später im Grand Prix –, sondern mit Anlehnung an den Hufschlag verlangt. Dies ist eine Erleichterung, die uns auf den richtigen Weg führt. Die Passage wird aus dem Trab verlangt. Das erleichtert die Schwungentfaltung. Die Piaffe ist aus dem Schritt zu zeigen. Dies entspricht der klassischen Lehre, wonach die Piaffe aus dem versammelten Schritt in halben Tritten nach vorwärts entwickelt werden soll. Deshalb ist in der Aufgabe Intermédiaire II für die 7 bis 8 Tritte Piaffe ausdrücklich 1 Meter vorwärts erlaubt.

Piaffe

Die Piaffe ist eine trabartige Bewegung auf der Stelle. Sie gehört zu den Übungen der klassischen hohen Schule. Das Pferd fußt in diagonaler Folge mit deutlicher Kadenz ab. Die Unterarme werden etwa bis zur Waagerechten angehoben. Die energisch abfußenden Hinterbeine werden etwa bis zur Höhe der Fesselgelenke angezogen. Das Pferd trägt sich in stolzer Haltung, wobei das Genick der höchste Punkt ist. Bei jedem Tritt soll das Streben nach vorwärts erkennbar sein.

Passage

Die Passage stellt den höchsten Grad der Versammlung und Kadenz im Trab dar. Die in der Fußfolge des Trabes energisch vom Boden abfedernden Beinpaare halten in der Bewegung den Moment der freien Schwebe länger aus. Der Unterarm soll, wie bei der Piaffe, bis zur Waagerechten gehoben werden. Die Hinterbeine des Pferdes federn die Last fleißig, taktmäßig und genau dem Hufschlag der Vorderbeine folgend gerade nach vorwärts-aufwärts ab. Es sind dies die wohl schönsten und stolzesten Momente der Präsentation eines richtig ausgebildeten Pferdes mit höchstem Versammlungsgrad.

Fliegende Galoppwechsel von Sprung zu Sprung

Die fliegenden Galoppwechsel von Sprung zu Sprung stellen innerhalb der Skala der Galoppwechsel des Grand Prix die höchsten Anforderungen. Sie werden in der Aufgabe der Intermédiaire II 9mal und später im Grand Prix 15mal verlangt. Die Leistungssteigerung von 2 Tempi auf 1 Tempi Galoppwechsel ist höher als die Steigerung in der Intermédiaire I gegenüber dem St. Georg-Preis von 3 Tempi auf 2 Tempi. Es gibt Pferde, die sehr lange Zeit benötigen, bis sie im Galopp so weit ausbalanciert sind, daß sie sich das Wechseln von Sprung zu Sprung zutrauen. Die Intelligenz des Pferdes muß in dieser Lektion mitspielen. Sonst kann es zu unüberbrückbaren Schwierigkeiten kommen.

Intermédiaire II

Viereck 20 x 60 m – Dauer etwa 6 ½ Minuten.

			Koeffizient
1	A X C	Einreiten im versammelten Galopp. Halten – Unbeweglichkeit – Gruß. Im versammelten Tempo antraben. Rechte Hand.	
2	M-X-K K	Im starken Trab durch die ganze Bahn wechseln. Versammelter Trab.	
3	F-L-E	Ganze Traversale links.	
4	E-I-M M-C-H	Ganze Traversale rechts. Versammelter Trab.	
5	H-P P	Im Mitteltrab durch die Bahn wechseln. Versammelter Trab.	
6	Zwischen P und F F-A	Übergang zur Passage. Passage.	
7	A	Piaffe, 7 bis 8 Tritte (1 m vorwärts erlaubt), und daraus sofort im versammelten Tempo antraben.	
8		Übergang von der Passage zur Piaffe und von der Piaffe zum versammelten Trab.	
9	A-K K-R R	Versammelter Trab. Im starken Trab durch die ganze Bahn wechseln. Versammelter Schritt.	
10	R-M-C	Versammelter Schritt.	
11	C	Piaffe, 7 bis 8 Tritte (1 m vorwärts erlaubt), und daraus sofort Übergang in die Passage.	
12	C-H	Passage.	

In der Aufgabe Intermediaire II werden folgende Lektionen erstmals verlangt:

Fliegende Galoppwechsel von Sprung zu Sprung

Piaffe

Passage

			Koeffizient
13		Übergang vom versammelten Schritt zur Piaffe und von der Piaffe zur Passage.	
14	Zwischen H und S S	Übergang zum versammelten Trab. Links um.	
15	I R	Halten – 4 Tritte rückwärts richten, 4 Schritte vorwärts, 4 Tritte rückwärts richten, daraus im versammelten Tempo rechts angaloppieren. Rechte Hand.	
16		Übergang vom versammelten Trab zum Halten und vom Rückwärtsrichten zum versammelten Rechtsgalopp.	
17	B-L-K L	Durch die Bahn wechseln. Pirouette rechts.	2
18	K K-A-F	Fliegender Galoppwechsel. Versammelter Galopp.	
19	F-L-E L	Durch die Bahn wechseln. Pirouette links.	2
20	E E-S-H-C	Fliegender Galoppwechsel. Versammelter Galopp.	
21	C-M-R-X-V-K	Starker Schritt.	2
22	V	Versammelter Schritt bis A.	
23	A F-X-H	Versammelter Galopp. Durch die ganze Bahn wechseln mit 9 fliegenden Galoppwechseln zu 2 Sprüngen.	
24	M-X-K K	Im starken Galopp durch die ganze Bahn wechseln. Versammelter Galopp und fliegender Galoppwechsel.	

			Koeffizient
25	A D-G C	Auf die Mittellinie abwenden. 4 Galopptraversalen beiderseits der Mittellinie mit fliegendem Galoppwechsel bei jedem Richtungswechsel. Die erste Galopptraversale nach rechts und die letzte nach links zu 4 Sprüngen, die beiden anderen zu jeweils 8 Sprüngen. Rechte Hand.	
26	M-X-K	Durch die ganze Bahn wechseln mit 9 Galoppwechseln von Sprung zu Sprung.	
27	A X	Auf die Mittellinie abwenden. Halten – Unbeweglichkeit – Gruß.	
		Verlassen der Bahn bei A im Schritt.	

Gesamtnoten:

		Koeffizient
28	Reinheit der Gänge, Ungebundenheit und Regelmäßigkeit.	2
29	Schwung (Frische, Elastizität der Bewegungen, Rückentätigkeit und Engagement der Hinterhand).	2
30	Gehorsam des Pferdes (Aufmerksamkeit und Vertrauen, Harmonie, Losgelassenheit und Durchlässigkeit, Maultätigkeit, Anlehnung und natürliche Aufrichtung).	2
31	Sitz und Einwirkung des Reiters, Korrektheit in der Anwendung der Hilfen.	2

Zu erreichende Punktsumme: 380

Dressurviereck "Reitpferde" 20 x 60m

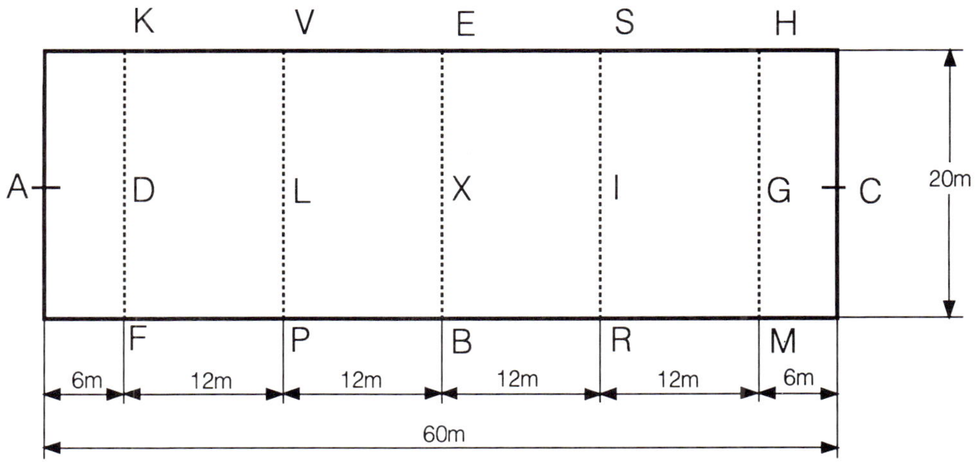

Links: Piaffe – die höchste Versammlung im Trab auf der Stelle.
Ein Bild von großer Ausstrahlung, Reiter und Pferd sind aufeinander eingespielt. Trotz größter Konzentration springt ein Funke der Freude auf den Zuschauer über.
Jean Bemelmans auf dem hannoverschen Wallach Angelino von Archimedes auf den Deutschen Meisterschaften Verden 1987.

Oben: Piaffe im Training.
Der Trakehner Hengst Fabian von Donauwind unter Dr. Reiner Klimke bringt von Natur aus die Veranlagung für die Versammlung mit. Die Hinterhand senkt sich und nimmt die Last auf. Der Hals des Hengstes wölbt sich in schöner Aufrichtung und erlaubt der Vorhand die Anwinkelung des Unterarms fast bis zur Waagerechten.

Die Passage eines Pferdes, das Dressurgeschichte geschrieben hat:
Otto Hofer (Schweiz), der Ausbilder des dänischen Wallachs Andiamo von May Sheriv, Silbermedaillengewinner in der Mannschaft bei den Olympischen Spielen in Seoul 1988, in einer Passage, die von der Energie und dem Vorwärtstrieb dieses Kraftathleten geprägt ist – hier bei den Europameisterschaften der Dressur in Mondorf (Luxemburg) 1989.

Sven Rothenberger auf Andiamo, Sieger im Dressur-World-Cup 1990 in s'Hertogenbosch (Holland), in einer gleich guten Passage mit betonter Schwebephase.

Aus dem Olympischen Dressurwettkampf in Los Angeles 1984: Herbert Krug auf dem schwedischen Wallach Muskadeur in der Lektion Nr. 15 des Grand Prix Special: Passage auf der Linie I-R-B-X. Bedeutender Ausdruck. Voll im Gleichgewicht nach der Rechtswendung in guter Übereinstimmung zwischen Reiter und Pferd.

Johann Hinnemann auf dem holländischen Wallach Ideaal von Doruto in einer ausdrucksvollen Passage in höchster Versammlung. Reiter und Pferd gewannen Gold mit der Mannschaft und Bronze in der Einzelwertung bei den Weltmeisterschaften der Dressur in Cedar Valley (Kanada) 1986.

Sven Rothenberger konnte auf Ideaal an die Erfolgsserie von Johann Hinnemann anknüpfen; hier in einem vorbildlichen starken Trab bei der Dressurweltmeisterschaft in Stockholm (Schweden) 1990, wo er mit der Mannschaft Gold gewann und in der Einzelwertung den 6. Platz erreichte.

Michael Klimke auf dem westfälischen Wallach Entertainer von Ehrensold in einer vorbildlichen Grußaufstellung.

Grand Prix de Dressage

Gelingt es dem Ausbilder, im Rahmen der Aufgabe der Intermédiaire II sein Pferd an die Anforderungen der Piaffe und Passage mit Anlehnung an den Hufschlag vertraut zu machen, und ist das Erlernen der Galoppwechsel zu Ein-Tempi von Erfolg gekrönt, kann der Reiter mit großer Zuversicht dem Abschluß der Ausbildung entgegensehen; denn er weiß, daß sein Pferd die Veranlagung für alle Lektionen des Grand Prix de Dressage besitzt.

Wir sind damit an der Schwelle angelangt, an der Dressurreiten zur Kunst werden kann. Das Pferd erreicht seine volle Leistungsfähigkeit in der Dressur und vertraut sich ganz den harmonischen Hilfen seines Reiters an.

Dressurviereck "Reitpferde" 20 x 60m

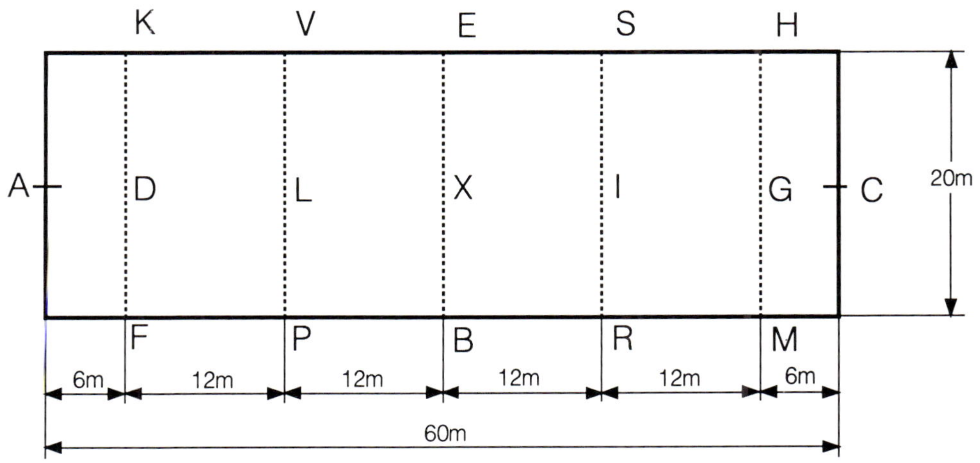

Grand Prix

Viereck 20 × 60 m – Dauer etwa 8 Minuten

			Koeffizient
1	A X	Einreiten im versammelten Galopp. Halten – Unbeweglichkeit – Gruß. Im versammelten Tempo antraben.	
2	C M-X-K K-A	Rechte Hand. Im starken Trab durch die ganze Bahn wechseln. Versammelter Trab.	
3	A F-X-H H	Versammelter Galopp. Im Mittelgalopp durch die ganze Bahn wechseln mit fliegendem Galoppwechsel bei X. Versammelter Galopp.	
4	C	Übergang zum versammelten Schritt.	
5	M Zwischen G und H	Rechts um. Halbe Pirouette rechts.	
6	Zwischen G und M	Halbe Pirouette links.	
7		Der versammelte Schritt C M G (H) (M) G	
8	G-H-S S-P P-F-A-K-V	Versammelter Trab. Nach links traversieren. Versammelter Trab.	
9	V-R R-M-C-H	Nach rechts traversieren. Versammelter Trab.	
10	H-X-F	Im starken Trab durch die ganze Bahn wechseln.	
11	F-A-K	Passage.	
12	K-V-X-R-M	Im starken Schritt durch die ganze Bahn wechseln.	2
13	M-C-H	Versammelter Schritt.	
14	H	Übergang zur Passage. Der Übergang vom versammelten Schritt zur Passage.	
15	H-S-I	Passage.	
16	I	Piaffe 12 bis 15 Tritte.	
17	I	Übergang zur Passage. Die Übergänge von der Passage zur Piaffe und von der Piaffe zur Passage.	
18	I-R-B-X	Passage.	
19	X	Piaffe 12 bis 15 Tritte.	
20	X	Übergang zur Passage. Die Übergänge von der Passage zur Piaffe und von der Piaffe zur Passage.	
21	X-E-V	Passage.	
22	V V-K-A	Anreiten im versammelten Galopp. Versammelter Galopp.	
23	A-G G	Auf die Mittellinie abwenden. 6 Galopptraversalen beiderseits der Mittellinie mit fliegenden Galoppwechseln bei jedem Richtungswechsel. Die erste Galopptraversale nach links und die letzte nach rechts zu je 3 Sprüngen, die übrigen 4 Galopptraversalen zu je 6 Sprüngen. Im Rechtsgalopp endend.	
24	C M-X-K K	Rechte Hand. Im starken Galopp durch die ganze Bahn wechseln. Versammelter Galopp und fliegender Galoppwechsel.	
25	A L X	Auf die Mittellinie abwenden. Pirouette links. Fliegender Galoppwechsel.	2
26	I G C	Pirouette rechts. Fliegender Galoppwechsel. Linke Hand.	2
27	H-X-F	Auf der Wechsellinie 9 fliegende Galoppwechsel zu je 2 Sprüngen (links endend).	
28	K-X-M C	Auf der Wechsellinie 15 fliegende Galoppwechsel von Sprung zu Sprung (rechts endend). Versammelter Galopp.	
29	H-X-F F	Im starken Galopp durch die ganze Bahn wechseln. Versammelter Galopp und fliegender Galoppwechsel.	
30	A L	Auf die Mittellinie abwenden. Halten – 6 Tritte rückwärts richten, daraus anreiten in der Passage.	
31		Übergänge vom versammelten Galopp zum Halten und vom Rückwärtsrichten zur Passage.	
32	L-X	Passage.	
33	X	Piaffe (12 bis 15 Tritte).	
34		Übergänge von der Passage zur Piaffe und von der Piaffe zur Passage.	
35	X-G	Passage.	
36	G	Halten – Unbeweglichkeit – Gruß.	
		Verlassen der Bahn bei A im Schritt.	

Gesamtnoten:

37	Reinheit der Gänge, Ungebundenheit und Regelmäßigkeit.	2
38	Schwung (Frische, Elastizität der Bewegungen, Rückentätigkeit und Engagement der Hinterhand).	2
39	Gehorsam des Pferdes (Aufmerksamkeit und Vertrauen, Harmonie, Losgelassenheit und Durchlässigkeit, Maultätigkeit, Anlehnung und natürliche Aufrichtung).	2
40	Sitz und Einwirkung des Reiters, Korrektheit in der Anwendung der Hilfen.	2

Zu erreichende Punktsumme: 470

Die ganze Traversale nach rechts aus dem Grand Prix de Dressage in höchster Vollendung.
Das Bild eines tanzenden Pferdes, das in seiner Faszination kaum zu überbieten sein dürfte. Alle Kriterien der Traversale sind nahezu vollendet erfüllt. Hier betreten Reiterin und Pferd die Schwelle der Kunst.
Nicole Uphoff auf dem westfälischen Wallach Rembrandt von Romadur.

Eine Piaffe, die der Vollendung nahe kommt: Kyra Kyrklund (Finnland) auf dem dänischen Hengst Matador von May Sherif im olympischen Grand Prix de Dressage in Seoul 1988.

Rechts: Nach schwerer Krankheit kehrte Matador unter Kyra Kyrklund (Finnland) strahlend in den großen Sport zurück. Versammelter Trab auf der Mittellinie im Grand Prix Special bei den Weltmeisterschaften in Stockholm (Schweden) 1990, unmittelbar vor dem Übergang zur Schlußpassage (Lektion Nr. 26 der Aufgabe). Das Paar war Gewinner der Silbermedaille in der Einzelwertung der Weltmeisterschaft in Stockholm und Sieger im Weltcup der Dressur in Paris 1991.

tius
1988

Auf den Olympischen Spielen in Seoul 1988:

Links oben Robert Dover (USA) auf dem hannoverschen Wallach Federleicht von Federgeist xx. Ausdrucksvolle Schlußpassage in der Rechtswendung aus dem Grand Prix von 1988; gut gestellt und gebogen.

Links unten: Starker Trab an der langen Seite (Lektion Nr. 4 aus dem Grand Prix Special); schwungvoll und in guter Aufrichtung. Robert Dover (USA) auf Federleicht.

Oben: Ann Kathrin Kroth-Linsenhoff war auf dem schwedischen Wallach Courage von Ceylon Mitglied der siegreichen deutschen Mannschaft auf den Olympischen Spielen in Seoul 1988 sowie bei den Europameisterschaften in Goodwood (England) 1987 und Mondorf (Luxemburg) 1989. Reiterin und Pferd im starken Trab in guter Übereinstimmung.

Eindrucksvolle Passage auf der Mittellinie, energisch aus der Hinterhand, gute Schwebephase, korrekte Aufrichtung. Reiterin mit schöner tiefer Handhaltung.
Cynthia Ishoy (Kanada) auf der hannoverschen Stute Dynasty von Darling, das beste kanadische Paar auf den Weltmeisterschaften in Cedar Valley 1986.

Eine Piaffe, die den Anforderungen der klassischen hohen Schule entspricht: Das Pferd fußt in diagonaler Folge mit deutlicher Kadenz ab. Der Reiter führt mit tiefen Händen und ermöglicht dem Pferd eine stolze Haltung des Halses, wobei das Genick der höchste Punkt ist.
Michael Klimke auf dem westfälischen Wallach Entertainer von Ehrensold, Wiesbaden 1989.

B
X

Links: Eine Galoppirouette links, wie man sie nur selten zu sehen bekommt, ein Musterbeispiel klassischer Reitkunst aus unserer Zeit: Monica Theodorescu auf dem westfälischen Wallach Ganimedes von Grünhorn, Balve 1990.

Oben: Monica Theodorescu auf dem westfälischen Wallach Ganimedes von Grünhorn, Deutsche Meisterschaften in Verden 1988. Es gibt nur wenige Pferde, die zu solch einem Ausdruck im starken Trab befähigt sind.

Grand Prix Special

Viereck 20 × 60 m – Dauer etwa 7 ½ Minuten.

			Koeffizient
1	A X	Einreiten im versammelten Galopp. Halten – Unbeweglichkeit – Grüßen. Im versammelten Tempo antraben.	
2	C H-X-F F	Linke Hand. Im starken Trab durch die ganze Bahn wechseln. Versammelter Trab.	
3	V-X-R R-M-C	Nach rechts traversieren. Versammelter Trab.	
4	C-H-S S-K K-A-F	Passage. Starker Trab. Passage.	
5	F-P P-X-S S-H-C	Versammelter Trab. Nach links traversieren. Versammelter Trab.	
6	C-M-R R-F F-A-K	Passage. Starker Trab. Passage.	
7		Die Übergänge von der Passage zum starken Trab und vom starken Trab zur Passage (Lektionen 4 und 6).	
8	K-L-B-I-H H	Starker Schritt. Versammelter Schritt.	2
9	H-C-M-G	Versammelter Schritt.	
10	G	Piaffe, 12–15 Tritte.	
11	G	Übergang zur Passage. Die Übergänge vom versammelten Schritt zur Piaffe und von der Piaffe zur Passage.	
12	G-H-S-I	Passage.	
13	I	Piaffe, 12–15 Tritte.	
14	I	Übergang zur Passage. Die Übergänge von der Passage zur Piaffe und der Piaffe zur Passage.	
15	I-R-B-X	Passage.	
16	X X-E-V-K-A-F	Im versammelten Tempo links angaloppieren. Versammelter Galopp.	
17	F-L-E E	Nach links traversieren. Fliegender Galoppwechsel.	
18	E-I-M M M-C-H	Nach rechts traversieren. Fliegender Galoppwechsel. Versammelter Galopp.	
19	H-X-F	Auf der Wechsellinie 9 fliegende Galoppwechsel zu 2 Sprüngen (rechts endend).	
20	K-X-M	Auf der Wechsellinie 15 fliegende Galoppwechsel von Sprung zu Sprung (links endend).	
21	H-X-F F	Im starken Galopp durch die ganze Bahn wechseln. Versammelter Galopp und fliegender Galoppwechsel.	
22	A D	Auf die Mittellinie abwenden. Ganze Pirouette rechts.	2
23	Zwischen D und G	Auf die Mittellinie 9 fliegende Galoppwechsel von Sprung zu Sprung.	
24	G C	Ganze Pirouette links. Linke Hand.	2
25	H-K K	Mitteltrab. Versammelter Trab.	
26	A L	Auf die Mittellinie gehen. Passage.	
27	I	Piaffe, 12–15 Tritte.	
28		Die Übergänge vom versammelten Trab zur Passage und von der Passage zur Piaffe.	
29	I-G	Passage.	
30	G	Halten – Unbeweglichkeit – Grüßen.	
		Verlassen der Bahn bei A im Schritt am langen Zügel.	

Gesamtnoten:

31	Reinheit der Gänge, Ungebundenheit und Regelmäßigkeit.	2
32	Schwung (Frische, Elastizität der Bewegungen, Rückentätigkeit und Engagement der Hinterhand).	2
33	Gehorsam des Pferdes (Aufmerksamkeit und Vertrauen, Harmonie, Losgelassenheit und Durchlässigkeit, Maultätigkeit, Anlehnung und natürliche Aufrichtung).	2
34	Sitz und Einwirkung des Reiters, Korrektheit in der Anwendung der Hilfen.	2

Zu erreichende Punktsumme: 410

Dressurviereck "Reitpferde" 20 x 60m

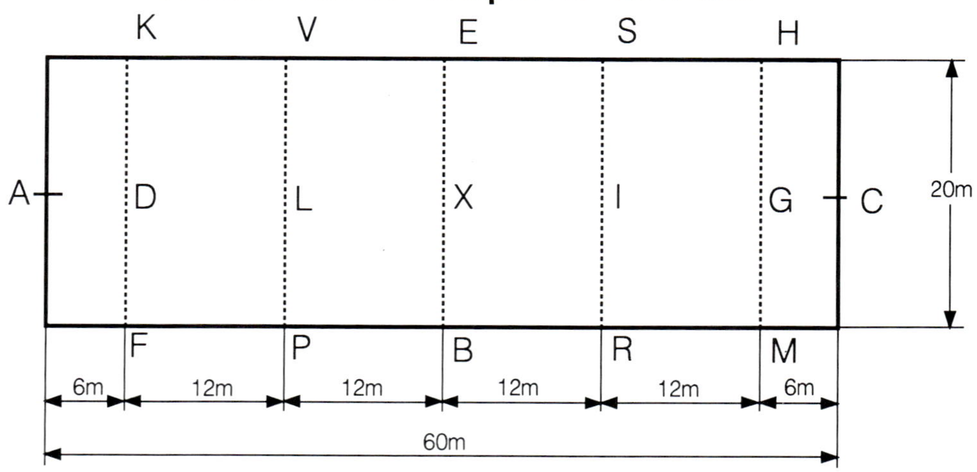

Dr. Reiner Klimke auf dem hannoverschen Wallach Dux von Duellant auf den Olympischen Spielen in Mexiko 1968, Gewinner von Mannschaftsgold und Bronze in der Einzelwertung; ein starker Galopp in vorzüglichem Bewegungsablauf.

Der Holsteiner Wallach Corlandus von Cor de la Bryere gehört zu den Pferdepersönlichkeiten, die den internationalen Dressursport geprägt haben. Seine Reiterin Margit Otto-Crepin hat die Persönlichkeit ihres Pferdes akzeptiert und sich mit viel Einfühlungsvermögen darauf eingestellt. Die Erfolge sprechen für sich: Nach dem Gewinn der Europameisterschaft in Goodwood (England) 1987 wurde sie in Mondorf (Luxemburg) bei der Europameisterschaft 1989 Vize-Europameisterin – hier in der Schlußpassage auf der Mittellinie.

Bei der Weltmeisterschaft in Stockholm 1990 verfehlte Margit Otto-Crepin auf Corlandus nur knapp die Bronzemedaille. In schöner Aufrichtung zeigt Corlandus mit gespitzten Ohren seinen ganzen Charme.

Nina Menkova (Rußland) auf dem russischen Hengst Dixon von Nabeg in der Piaffe, Seoul 1988. Die russischen Dressurreiter beeindrucken in der Regel durch sichere und ausdrucksvolle Piaffe-Passage-Arbeit ihrer Pferde.

Nina Menkova (Rußland) auf Dixon lieferte sich beim World Cup der Dressur in Paris 1991 mit Kyra Kyrklund auf Matador einen spannenden Kampf um den Titel. Der zweite Platz war hochverdient.

Der hannoversche Hengst Golfstrom von Grenadier unter Ann Kathrin Kroth-Linsenhoff verkörpert Treue und Leistungsbereitschaft, wie man es selten erlebt. Starker Trab in der Diagonalen in Balve 1990: schnurgerade, mit gespitzten Ohren und großem Engagement der Hinterbeine.

Ann Kathrin Kroth-Linsenhoff auf Golfstrom bei der Weltmeisterschaft in Stockholm 1990: sichere Passage in guter Halseinstellung.

Wenige Sekunden vor ihrem Olympiasieg in Seoul 1988: Nicole Uphoff auf dem westfälischen Wallach Rembrandt von Romadur in der Schlußpiaffe auf der Mittellinie (Lektion Nr. 27 des Grand Prix Special).

Auf der Weltmeisterschaft in Lausanne (Schweiz) 1982 beeindruckte Anne-Grethe Jensen auf ihrem damals erst 9jährigen dänischen Wallach Marzog von Herzog mit einem 5. Platz die internationale Fachwelt. Das Bild zeigt das Paar beim Übergang zur ganzen Linkstraversale im Grand Prix Special in sehr guter Stellung und Biegung.

Bei den Olympischen Spielen in Los Angeles (USA) 1984 gewann Anne Grethe Jensen auf Marzog in der Einzelwertung die Silbermedaille, nachdem dieses Paar 1983 in Aachen die Europameisterschaft gewonnen hatte. Ein Bild voller Anmut und Eleganz.

Rechts oben: Dr. Uwe Schulten-Baumer auf dem hannoverschen Wallach Madras von Monaco, Einzel- und Mannschaftseuropameister in Laxenburg (Österreich) 1981, in einer ausdrucksvollen Passage bei der WM in Lausanne (Schweiz) 1982, wo dieses Paar die Bronzemedaille in der Einzelwertung gewann.

Rechts unten: Olympischer Grand Prix Special in Seoul 1988.
Der koreanische Reiter Jung-Kyun Suh zeigte auf dem holländischen Wallach Pascal von The Stranger viel Einfühlungsvermögen. Pascal dankte dies seinem Reiter durch eine harmonische Gesamtleistung, die in der Einzelwertung mit dem 10. Platz belohnt wurde.

Café
45

538
R

R

CAMPARI
DAIQUIRI

Links oben: Gabriela Grillo auf dem Trakehner Wallach Ultimo von Heros, Mannschaftsolympiasiegerin von Bromont 1976 und 4. in der Einzelwertung: Passage in der Linkswendung zur langen Seite in guter Versammlung mit deutlicher Linksbiegung. Hervorzuheben sind die tiefen Hände der Reiterin und der gut anliegende rechte Schenkel.

Links unten: Ausdrucksvolle Passage mit guter Schwebephase: Gabriela Grillo auf dem Trakehner Wallach Ultimo von Heros auf dem Abreiteplatz bei den Europameisterschaften in St. Gallen (Schweiz) 1977, wo das Paar wiederum Mannschaftsgold und den 4. Platz in der Einzelwertung erringen konnte.

Oben: Christine Stückelberger (Schweiz) auf dem Holsteiner Wallach Granat von Consul. Passage auf der Mittellinie in schöner Aufrichtung, Olympische Spiele Bromont (Kanada) 1976. Dieses Paar war die herausragende Erscheinung im internationalen Dressursport mit dem Gewinn der Europameisterschaften in Kiew (Rußland) 1975 und St. Gallen (Schweiz) 1977, Olympiasieger 1976 und Weltmeister 1978 in Goodwood (England).

Eine freudige Reiterin und ein zufriedenes Pferd verlassen gelöst die Bahn: Christine Stückelberger (Schweiz) auf dem schwedischen Hengst Gauguin de Lully von Chagall, Gewinner der Bronzemedaille in der Einzelwertung auf den Olympischen Spielen in Seoul 1988.

Der westfälische Wallach Ahlerich von Angeloxx trat in die Fußstapfen von Granat und löste ihn 1982 in Lausanne (Schweiz) als Weltmeister ab. Die folgenden Aufnahmen zeigen Stationen seiner Entwicklung von den ersten Grand-Prix-Ansätzen bis zum Olympiasieger.

Ahlerich im Training, auf Trense gezäumt, eine strahlende Pferdepersönlichkeit. Passage in spielerischer Leichtigkeit.

303
citroenen
grapefruits

2

Links oben: Ahlerich als Neunjähriger 1980 in Rotterdam (Holland) in der Passage vor großem Publikum, Sieger im Grand Prix Special.

Links unten: Eine Piaffe, bei der alles stimmt: gesenkte Hinterhand, Abfußen des diagonalen Beinpaares mit deutlicher Kadenz; das Pferd trägt sich in stolzer Haltung. Ahlerich in Aachen 1984.

Oben: Ahlerich im starken Galopp, Los Angeles 1984: Raumgreifende Galoppade mit weit unterspringendem rechtem Hinterbein in der Haltung eines Grand-Prix-Pferdes.

Folgende Doppelseite: Ahlerich beim Olympiasieg in Los Angeles 1984: Vollendete Schwungentfaltung in der Gangart Trab vom versammelten Tempo bis zum starken Trab.

115
R

115

Ahlerich als Europameister in Kopenhagen 1985: Grußaufstellung zum Abschluß des Grand Prix Special.

Deutsche Meisterschaften in Verden 1988: Ein zufrieden schauender Ahlerich verläßt die Bahn. Er wurde mit 17 Jahren zum 7. Mal Deutscher Meister.

Louise Nathhorst (Schweden) auf dem schwedischen Wallach Dante in Aachen 1991 in einer Piaffe, die durch den Grad der Versammlung besticht.

Mit dem erst 8jährigen hannoverschen Wallach Gigolo von Graditz wurde Isabell Werth in Münster Deutsche Dressurmeisterin 1991.

Schaunummern, die Geschichte machten

Die Deutsche Dressurquadrille bei den Olympischen Spielen in München 1972

Eines der großartigen Schaubilder, die unvergessen bleiben, war die Deutsche Dressurquadrille bei den Olympischen Spielen in München 1972. Sie wurde von den 12 besten deutschen Dressurreiterinnen und Dressurreitern in der Feierstunde des Pferdes geritten, mit der die Schlußfeier der XX. Olympiade München '72 eingeleitet wurde.

Die besten Voltigiergruppen der Deutschen Meisterschaften machten den Anfang. Am langen Zügel führte danach der Bereiter der Spanischen Hofreitschule, Ernst Bachinger, den Lipizzaner-Hengst Siglavy Modena in allen Lektionen der Hohen Schule vor. Der Fahrsport präsentierte sich mit den acht besten Viererzügen der Weltmeisterschaft des Jahres 1972 vor 80000 begeisterten Zuschauern im Olympiastadion.

Den Höhepunkt bildete die Deutsche Dressurquadrille. Eine Quadrille in derartiger Glanzbesetzung hatte man nach dem Zweiten Weltkrieg noch nie gesehen. Sie verkörperte in Anlehnung an die Deutsche Schulquadrille der Kavallerieschule Hannover die klassische Reitkunst unserer Zeit. General Albert Stecken, damaliger Bundestrainer der Dressur, hatte den Aufbau der Figuren zusammen mit Willi Schultheis erstellt und dabei wesentliche Elemente der Deutschen Schulquadrille mit eingearbeitet. Die Einstudierung übernahm George Theodorescu, der auch für die Musikauswahl verantwortlich zeichnete. Als die 12 Pferde zur Schlußaufstellung in Richtung auf die Ehrenloge des Olympiastadions passagierten, spendeten die Zuschauer Beifall, als sei gerade ein Weltrekord erzielt worden. Die Pferde hatten die Herzen der Menschen erobert.

Die Reiterinnen und Reiter waren in folgender Reihenfolge:

Dr. Reiner Klimke auf York
Liselott Linsenhoff auf Piaff
Wolfgang Haug auf Lorlot
Karin Schlüter auf Liostro
Josef Neckermann auf Venetia
Ilsebill Becher auf Mitsouko
Willi Schultheis auf Armagnac
Inge Theodorescu auf Marzio
Walter Günther auf Partisan
Gabriela Grillo auf Honduras
Harry Boldt auf Ariadne
Eva-Maria Pracht auf Mazepa

In späteren Jahren wurde die Olympia-Dressurquadrille, teilweise mit anderen gleichwertigen Reitern, noch einige Male gezeigt, so 1973 in Aachen und Amsterdam, 1974 in Dortmund und Berlin, 1985 erneut in Berlin und 1986 in Kronberg. Sie hat sich danach aufgelöst und wird in veränderter Form als Deutsche Dressurquadrille mit neuer Musik und den erfolgreichsten deutschen Dressurreiterinnen und Dressurreitern der heutigen Generation weiterleben.

Pas de Deux

Die beiden besten Dressurpferde der Welt in der Zeit von 1982 bis 1986 zeigten 1985 in der Schleyer-Halle in Stuttgart einen Pas de Deux, der die Zuschauer durch den Einklang der Bewegungen und die Harmonie der Vorführung zu Begeisterungsstürmen hinriß.
Eine zweite Aufführung dieses Pas de Deux folgte 1986 in Göteborg.

Anne-Grethe Jensen auf dem dänischen Wallach Marzog von Herzog und Dr. Reiner Klimke auf dem westfälischen Wallach Ahlerich von Angelo xx. Schulterherein auf der Mittellinie in vorbildlicher Ausführung.

Beim World-Cup-Finale der Springreiter in Göteborg (Schweden) 1986: Starker Trab in der Vollendung. Anne-Grethe Jensen auf Marzog und Dr. Reiner Klimke auf Ahlerich im Pas de Deux.

Pas de Trois

Pas de Trois in der Martin-Schleyer-Halle in Stuttgart 1988, ein Schaubild, das Geschichte gemacht hat. Zum Abschied von Ahlerich aus dem Turniersport nach den Olympischen Spielen in Seoul 1988 zeigten die Silbermedaillengewinnerin von Seoul, Margit Otto-Crepin (Frankreich), auf dem Holsteiner Wallach Corlandus, die Bronzemedaillengewinnerin Christine Stückelberger (Schweiz) auf dem schwedischen Hengst Gauguin de Lully und Dr. Reiner Klimke auf dem westfälischen Wallach Ahlerich in einem Pas de Trois die Schönheit und Harmonie des Dressurreitens.

Starker Trab in der Vollendung. Als hätten sie sich abgesprochen: Höchster Ausdruck dreier unterschiedlicher Pferde in fast synchroner Fußfolge; von links nach rechts Corlandus, Ahlerich und Gauguin de Lully.

Rechtsgalopp auf der Mittellinie; von links nach rechts Corlandus, Ahlerich und Gauguin de Lully. Pas de Trois

Die alten Meister

Oben: Henry Chammartin (Schweiz) auf dem schwedischen Wallach Wolfdietrich von Darladier, Olympische Spiele Mexiko 1968.
Henry Chammartin war in der Zeit zwischen 1955 und 1965 der erfolgreichste Championatsreiter in der Dressur. Seine großen Erfolge erzielte er mit den drei schwedischen Pferden Wöhler, Woermann und Wolfdietrich. Auf Woehler gewann er die FEI-Championate in Thun (Schweiz) 1955, in Wiesbaden 1958 und in St. Gallen (Schweiz) 1959. auf Wolfdietrich wurde er Europameister in der Dressur 1963 und 1965 in Kopenhagen (Dänemark). Auf Woermann wurde er 1964 in Tokio (Japan) Olympiasieger.

Rechts oben: Josef Neckermann gewann auf dem westfälischen Wallach Mariano von Ramzes die Silbermedaille in der Einzelwertung und Gold in der Mannschaft bei den Olympischen Spielen in Mexiko 1968. Zwei Jahre zuvor hatte er bei den ersten Weltmeisterschaften der Dressurreiter in Bern (Schweiz) den wohl größten Triumph seiner sportlichen Laufbahn erleben dürfen: Gold in der Mannschaft und Gold in der Einzelwertung.

Rechts unten: Josef Neckermann auf der Holsteiner Stute Venetia von Anblick xx bei den Olympischen Spielen in München 1972. Bronzemedaille in der Einzelwertung und Silber mit der deutschen Mannschaft.

MEXICO 68

H
G

Oben: Marianne Gossweiler (Schweiz) auf dem Holsteiner Schimmelwallach Stephan in einer schulmäßigen Piaffe. Das Paar gewann mit der Schweizer Mannschaft jeweils die Silbermedaille bei den Olympischen Spielen in Tokio 1964 und Mexiko 1968.

Rechts oben: Liselott Linsenhoff war auf dem schwedischen Hengst Piaff von Gaspari die erfolgreichste Dressurreiterin der Welt von 1969–1972. 1969 und 1971 wurde sie in Wolfsburg Europameisterin in der Dressur und holte jeweils Gold mit der Mannschaft. 1972 wurde Liselott Linsenhoff auf Piaff als erste Frau Einzelolympiasiegerin in der Dressur.

Rechts unten: Piaff trug seinen Namen zu Recht. Er galt in seiner Zeit als das Pferd mit der besten Piaffe.

Oben: Elena Petuschkova (UdSSR) auf dem russischen Hengst Pepel von Piligrim gewann in München 1972 Gold mit der Mannschaft und Silber in der Einzelwertung. Ihren größten Erfolg erzielte das Paar in Aachen 1970. Dort wurden sie Weltmeister in der Einzelwertung und holten zusätzlich Gold mit der Mannschaft.

Rechts oben: Der Hannoveraner Wallach Mehmed von Ferdinand unter Dr. Reiner Klimke auf den Olympischen Spielen in Bromont (Kanada) 1976. Mehmed galt in seiner Glanzzeit als das Pferd mit den besten Grundgangarten. Er wurde 1973 in Aachen Einzeleuropameister und 1974 in Kopenhagen (Dänemark) Weltmeister. Mannschaftsgold gewann er mit der deutschen Mannschaft bei den Europameisterschaften 1969, 1971, 1973, bei der Weltmeisterschaft 1974 und auf den Olympischen Spielen 1976.

Rechts unten: Uwe Schulten-Baumer auf dem Hannoveraner Wallach Slibovitz von Servus, Vizeweltmeister 1978 in Goodwood (England). Ein Paar, das durch Ausdruck und Zuverlässigkeit bestach.

E
X

372

Oben: Harry Boldt auf dem Hannoveraner Wallach Woyzek von Wunsch II in der Rechtspirouette bei den Olympischen Spielen in Bromont (Kanada) 1976. Dieses Paar war von 1975 bis 1979 die sichere Stütze in der Deutschen Dressurmannschaft, mit dem Gewinn der Mannschaftsgoldmedaillen bei der Europameisterschaft Kiew (UdSSR) 1976, Olympische Spiele Bromont (Kanada) 1976, Europameisterschaft St. Gallen (Schweiz) 1977, WM Goodwood (England) 1978 und EM Aarhus (Dänemark) 1979. Dazu gewannen Harry Boldt und Woyzek jeweils die Silbermedaille in der Einzelwertung in Kiew 1975, Bromont 1976, St. Gallen 1977 und in Aarhus 1979.

Rechts oben: Uwe Sauer gehörte auf dem Holsteiner Hengst Montevideo von Marlon xx zur siegreichen Deutschen Mannschaft bei den Europameisterschaften in Aachen 1983, Kopenhagen (Dänemark) 1985 und auf den Olympischen Spielen in Los Angeles (USA) 1984.

Rechts unten: Anne-Grethe Jensen auf dem dänischen Wallach Marzog von Herzog in einer mustergültigen Linkspirouette auf den Weltmeisterschaften in Cedar Valley (Kanada) 1986. Gute Lastaufnahme der Hinterhand. Das Pferd springt im klaren Dreitakt auf kleinstem Bogen um die Hinterhand, ist deutlich gestellt und gebogen.
Dieses Paar gab durch seine Eleganz und Leichtigkeit dem Dressursport der 80er Jahre neue Impulse. Europameisterin 1983 in Aachen, Weltmeisterin 1986 in Cedar Valley, Silbermedaillengewinnerin bei den Olympischen Spielen in Los Angeles 1984, Gewinnerin des ersten Dressur-World Cup in s'Hertogenbosch (Holland) 1986.

ost

ARD
JACOBS SUC
S

Medaillengewinner und Meister der Dressurreiter

bei den Olympischen Spielen von 1912 bis 1988

1912 Stockholm/S S
1. C. Graf Bonde S
2. G. A. Boltenstern S
3. H. v. Blixen-Finecke

Keine Mannschaftswertung

1920 Antwerpen/B
1. J. Lundblad S
2. K. B. Sandström S
3. Graf v. Rosen S

Keine Mannschaftswertung

1924 Paris/F
1. E. de Linder S
2. K. B. Sandström S
3. François Lesage F

Keine Mannschaftswertung

1928 Amsterdam/NL
1. C. F. Frhr. v. Langen D
2. Marion F
3. Ragnar Olson S

Mannschaft
1. D
2. S
3. NL

1932 Los Angeles/USA
1. François Lesage F
2. Marion F
3. Hiram Tuttle USA

Mannschaft
1. F
2. S
3. USA

1936 Berlin/D
1. Heinz Pollay D
2. Friedrich Gerhard D
3. Alois Podhajsky A

Mannschaft
1. D
2. F
3. S

1948 London/GB
1. Hans Moser CH
2. A. R. Jousseaume F
3. Gustav A. Boltenstern S

Mannschaft
1. F
2. USA
3. P

1952 Helsinki/N
1. Henri St. Cyr S
2. Lis Hartel DK
3. A. R. Jousseaume F

Mannschaft
1. S
2. CH
3. BRD

1956 Stockholm/S
1. Henri St. Cyr S
2. Lis Hartel DK
3. Liselott Linsenhoff BRD

Mannschaft
1. S
2. BRD
3. CH

1960 Rom/I
1. Sergey Filatow UdSSR
2. Gustav Fischer CH
3. Josef Neckermann BRD

Keine Mannschaftswertung

1964 Tokio
1. Henri Chammartin CH
2. Harry Boldt BRD
3. Sergey Filatow UdSSR

Mannschaft
1. BRD
2. CH
3. UdSSR

1968 Mexiko
1. Ivan Kizimov UdSSR
2. Josef Neckermann BRD
3. Dr. Reiner Klimke BRD

Mannschaft
1. BRD
2. UdSSR
3. CH

1972 München/BRD
1. Liselott Linsenhoff BRD
2. Elena Petushkova UdSSR
3. Josef Neckermann BRD

Mannschaft
1. UdSSR
2. BRD
3. S

1976 Montreal/CAN
1. Christine Stückelberger CH
2. Harry Boldt BRD
3. Dr. Reiner Klimke BRD

Mannschaft
1. BRD
2. CH
3. USA

1980 Moskau/UdSSR
1. Elisabeth Theurer A
2. Yuri Kowschow UdSSR
3. Viktor Ugrimow UdSSR

Mannschaft
1. UdSSR
2. Bulgarien
3. Rumänien

1984 Los Angeles/USA
1. Dr. Reiner Klimke BRD
2. Anne Grethe Jensen DK
3. Otto Hofer CH

Mannschaft
1. BRD
2. CH
3. S

1988 Seoul
1. Nicole Uphoff BRD
2. Margit Otto-Crepin FRA
3. Christine Stückelberger CH

Mannschaft
1. BRD
2. CH
3. CAN

Medaillengewinner und Meister der Dressurreiter

bei den Weltmeisterschaften der Dressurreiter seit 1966

1966 Bern/CH
1. Dr. Josef Neckermann BRD
2. Harry Boldt BRD
3. Dr. Reiner Klimke BRD

Mannschaft
1. BRD
2. CH
3. UdSSR

1970 Aachen/BRD
1. Elena Petushkova UdSSR
2. Liselott Linsenhoff BRD
3. Ivan Kizimov UdSSR

Mannschaft
1. UdSSR
2. BRD
3. DDR

1974 Kopenhagen/DK
1. Dr. Reiner Klimke BRD
2. Liselott Linsenhoff BRD
3. Elena Brumel-Petushkova UdSSR

Mannschaft
1. BRD
2. UdSSR
3. CH

1978 Goodwood/GB
1. Christine Stückelberger CH
2. Uwe Schulten-Baumer BRD
3. Jennie Loriston Clarke GB

Mannschaft
1. BRD
2. CH
3. UdSSR

1982 Lausanne/CH
1. Dr. Reiner Klimke BRD
2. Christine Stückelberger CH
3. Uwe Schulten-Baumer BRD

Mannschaft
1. BRD
2. CH
3. DK

1986 Cedar Valley/CAN
1. Anne Grete Jensen DK
2. Christine Stückelberger CH
3. Johann Hinnemann BRD

Mannschaft
1. BRD
2. NL
3. CH

1990 Stockholm/S
1. Nicole Uphoff BRD
2. Kyra Kyrklund SF
3. Monica Theodorescu BRD

Mannschaft
1. BRD
2. UdSSR
3. CH

bei den Europameisterschaften der Dressurreiter 1963–1989

1963 Kopenhagen/DK
1. Henri Chammartin CH
2. Harry Boldt BRD
3. Henri Chammartin CH

Mannschaft
1. GB
2. RUM

1965 Kopenhagen/DK
1. Henri Chammartin CH
2. Harry Boldt BRD
3. Reiner Klimke BRD

Mannschaft
1. BRD
2. CH
3. UdSSR

1967 Aachen/BRD
1. Reiner Klimke BRD
2. Ivan Kizimov UdSSR
3. Harry Boldt BRD

Mannschaft
1. BRD
2. UdSSR
3. CH

1969 Wolfsburg/BRD
1. Liselott Linsenhoff BRD
2. Ivan Kizimov UdSSR
3. Josef Neckermann BRD

Mannschaft
1. BRD
2. DDR
3. UdSSR

1971 Wolfsburg/BRD
1. Liselott Linsenhoff BRD
2. Josef Neckermann BRD
3. Ivan Kizimov UdSSR

Mannschaft
1. BRD
2. UdSSR
3. S

1973 Aachen/BRD
1. Reiner Klimke BRD
2. Elena Petushkova UdSSR
3. Ivan Kalita UdSSR

Mannschaft
1. BRD
2. UdSSR
3. CH

1975 Kiew/UdSSR
1. Christine Stückelberger CH
2. Harry Boldt BRD
3. Karin Schlüter BRD

Mannschaft
1. BRD
2. UdSSR
3. CH

1977 St. Gallen/CH
1. Christine Stückelberger CH
2. Harry Boldt BRD
3. Uwe Schulten-Baumer BRD

Mannschaft
1. BRD
2. CH
3. UdSSR

1979 Aarhus/DK
1. Elisabeth Theurer A
2. Christine Stückelberger CH
3. Harry Boldt BRD

Mannschaft
1. BRD
2. UdSSR
3. CH

1981 Laxenburg/A
1. Uwe Schulten-Baumer BRD
2. Christine Stückelberger CH
3. Gabriela Grillo BRD

Mannschaft
1. BRD
2. CH
3. UdSSR

1983 Aachen/BRD
1. Anne-Grethe Jensen DK
2. Reiner Klimke BRD
3. Uwe Sauer BRD

Mannschaft
1. BRD
2. DK
3. CH

1985 Kopenhagen/DK
1. Reiner Klimke BRD
2. Otto Hofer CH
3. Anne-Grethe Jensen DK

Mannschaft
1. BRD
2. DK
3. UdSSR

1987 Goodwood/GB
1. Margit Otto-Crepin FRA
2. Ann Kathrin Linsenhoff BRD
3. Johann Hinnemann BRD

Mannschaft
1. BRD
2. CH
3. NL

1989 Mondorf/L
1. Nicole Uphoff BRD
2. Margit Otto-Crepin FRA
3. Ann Kathrin Linsenhoff BRD